LA FRANCE
ET
LE PROVISOIRE

PAR

J.-B.-X. BARDON

AUTEUR DE PALMYRE, DU PROJET RELATIF
A LA DÉFENSE DE LA FRANCE, ETC.

« Ce n'est pas trop, certes, de toutes
« les forces conservatrices pour défen-
« dre la société menacée jusque dans
« ses derniers fondements. » — MGR
DUPANLOUP. — *Lettre à un catholique suisse.*

« Les hommes qui ne reportent pas
« leurs regards vers le passé ne iront
« jamais dans l'avenir. » BURKE.

AURILLAC
IMPRIMERIE H. GENTET
Imp. de la Préfecture et de la Cie d'Orléans
RUE DU CONSULAT

1874.

LA FRANCE
ET
LE PROVISOIRE

Aurillac, Imprimerie H. Gentet.

LA FRANCE

ET

LE PROVISOIRE

PAR

J.-B.-X. BARDON

AUTEUR DE PALMYRE, DU PROJET RELATIF A LA DÉFENSE DE LA FRANCE, ETC.

« Ce n'est pas trop, certes, de toutes « les forces conservatrices pour défen- « dre la société menacée jusque dans « ses derniers fondements. » — Mgr Dupanloup. — *Lettre à un catholique suisse.*

« Les hommes qui ne reportent pas « leurs regards vers le passé ne liront « jamais dans l'avenir. » Burke.

AURILLAC
IMPRIMERIE H. GENTET
Imp. de la Préfecture et de la Cie d'Orléans
RUE DU CONSULAT

1874.

AVERTISSEMENT.

Le poëte latin nous représente le pasteur fidèle debout sur un rocher, d'où il puisse d'un coup d'œil embrasser toute la plaine et veiller avec soin sur le nombreux troupeau qui lui est confié. Le philosophe chrétien ne représente pas mal le pasteur de Virgile. Placé au-dessus des mesquines passions de partis, debout sur le roc de l'impartialité, il considère d'un œil attentif la marche des évènements et les effets divers qu'ils produisent dans la nation. Il prend à part chaque parti, l'examine, l'interroge, le voit agir et remarque avec tristesse que chacun travaille pour son propre compte. Il voit le peuple harcelé tous les jours par la voix de la presse, par des écrits périodiques, par les harangues des uns, les caresses des autres ; il s'aperçoit avec amertume que ce peuple français, né chrétien, car il en a naturellement toutes les vertus : bonté, gaieté, sympathie, miséricorde, confiance, esprit religieux, on cherche à le transformer en peuple sombre, haineux, vindicatif, athée ; que l'on s'attaque à la fois à son esprit et à son cœur, et quand il se demande dans quel but, les Livres Saints lui jettent brusquement comme réponse ces mots foudroyants de vérité : *Superbia vitæ*. Ainsi les uns trompent le peuple afin d'en venir à établir leur propre despotisme au-dessus de toute autorité légitime, en affirmant qu'ils servent les intérêts du pays; les autres le flattent pour le mieux dominer. Ceux qui ne peuvent régner que sur des ruines élèvent un piédestal aux passions populaires dont ils attendent avec une frénétique impatience le déchaînement comme une heure propice. Ceux, au contraire, dont le rôle brillant a été brusquement interrompu par la tourmente de 89, vantent au peuple la majesté et les gloires du passé. Arraché par les passions politiques à son travail, qui est sa vraie gloire, son unique bien, le peuple inquiet, frémissant, interroge avec anxiété l'horizon, et se demande avec une vertigineuse terreur ce que promet le jour qui luira demain : un soleil radieux, le calme ou la tempête. Semblable à la mer houleuse sur laquelle on ne peut naviguer qu'avec crainte, le peuple, travaillé en tous sens par les factions diverses, en est venu à ignorer sa propre destinée et à douter de ses amis comme de ses ennemis. Si les partis ne se rallient donc sincèrement au drapeau tenu par une main loyale et chevaleresque, si les factions ne rentrent promptement dans l'ombre et le silence, les sauveurs que chacun nous annonce tour-à-tour seront autant de soleils qui, avant d'éclairer le ciel de la patrie, auront dû commencer par rayonner dans le sang et la boue. La France n'a, je crois, qu'un seul parti, une opinion, la seule peut-être qui parte du cœur : être sagement gouvernée, avoir le temps de se recueillir et de se préparer laborieusement à la revendication de son honneur perdu par l'ineptie et la trahison. Quant au chef, peu lui importe; elle ne demandera pas s'il est prince du sang, prétendant légitime; elle demandera s'il est Français, homme de cœur, et s'il veut avant tout la sauver en l'empêchant de se livrer de nouveau. Pourquoi donc l'agitation, quand partout on réclame le calme? Pourquoi ces irritantes et continuelles conspirations en faveur de tel ou tel parti, quand le pays croit avoir trouvé dans l'illustre maréchal, chargé de présider pendant sept ans aux intérêts les plus sacrés, ce qu'il lui faut?

Me plaçant à ce point de vue, que je crois être le seul vrai, j'ai divisé *La France et le Provisoire* en deux parties. Dans la première, j'examine la nature et les principes de chaque régime en particulier; dans la seconde, je considère les chances diverses de chaque parti pris isolément et la nature avec les conditions d'existence du septennat considéré en lui-même. La première partie ayant depuis longtemps déjà paru dans les colonnes du *Moniteur du Cantal*, alors que M. Thiers était au pouvoir, n'aurait, ce semble au premier abord, guère de raison de se retrouver ici; toutefois, comme la seconde partie n'est que le complément de la première, on ne m'aurait pas compris si j'avais laissé celle-ci de côté. En outre, la France n'est pas encore si loin de ce régime que beaucoup de ceux qui l'ont admiré n'aient l'espérance secrète de le revoir. Du reste, en dehors de la fondation du septennat, aucune modification importante n'a eu lieu; d'où il résulte que ce qui était actualité, il y a un an, est encore aujourd'hui une vivante actualité.

Quelques-uns me trouveront exagéré dans ce que j'ai dit sur la république et la monarchie; d'autres penseront peut-être que je n'ai pas été assez loin; le plus grand nombre jugera comme étant trop sévères mes appréciations sur les divers partis. Je fais remarquer, pour ma seule défense, que je n'ai aspiré à en flatter aucun en particulier, mais que, me basant sur la plus stricte impartialité, j'ai cherché avant tout à dire la vérité. J'ajoute que je n'ai considéré ici les hommes dont j'ai parfois prononcé le nom que comme représentants d'idées ou de principes; partant donc, je fais la guerre aux doctrines qui me paraissent erronées et non à ceux qui les préconisent.

En somme, sans contenter personne, je pense que j'obtiendrai la palme la plus convoitée de l'écrivain consciencieux : *l'estime du plus grand nombre;* car tous les hommes sérieux verront que j'ai eu le rare courage de sacrifier la popularité et peut-être le soin de l'avenir au sentiment plus impérieux de la conscience et du devoir.

Malgré ma profonde indignité, j'ose dédier cet ouvrage à Marie Immaculée, comme un témoignage éclatant de ma foi, de mon amour et de mon espérance. S'il a quelque succès, qu'à Elle seule il soit rapporté tout entier. J'accepte d'avance avec bonheur, pour une si noble cause, le triste dédain du libre penseur, du voltairien et de l'utopiste radical.

St-Martin-Valmeroux, le 7 avril 1874.

LA FRANCE

ET

LE PROVISOIRE

PREMIÈRE PARTIE

DU PROVISOIRE EN GÉNÉRAL.

Si l'on devait juger de la grandeur d'une nation par ses ressources financières, nous pourrions dire encore avec orgueil que, même après nos revers, nous sommes toujours la première puissance de l'Europe, puisqu'après d'humiliantes défaites, après l'incendie et la dévastation d'une partie de nos campagnes, après le crime d'une révolution faite en face de l'ennemi, après les folies de la Commune, nous avons inspiré assez de confiance et trouvé assez de ressources pour pouvoir payer en moins de trois ans la somme énorme de cinq milliards, c'est-à-dire à peu près le dixième de la valeur foncière de la France. Il est donc vrai de dire qu'en cette circonstance le Gouvernement et l'Assemblée ont bien mérité de la patrie, puisque à l'aide de savantes combinaisons financières ils nous ont débarrassés si vite du joug humiliant de l'occupation étrangère. Toutefois, en jetant un coup d'œil attentif sur la situation morale du pays, on sent le cœur se serrer involontairement, et l'on se demande avec effroi si, contrairement à toutes les lois de l'antique sagesse, une nation doit vivre plutôt par son or que par sa vertu. Trois conditions, en effet, ont toujours paru nécessaires à la vitalité d'un peuple : *considération* à l'extérieur, *ordre* à l'intérieur et enfin *sécurité* qui naît de la confiance en le lendemain.

Voyant notre malheureux pays en proie aux divers partis qui, au lieu de s'unir pour réparer de concert nos ruines matérielles et morales, se disputent avec acharnement le pouvoir, le monde européen sourit de pitié en entendant vanter les succès oratoires, mais éphémères, de chaque parti. Ayant foi en notre richesse, et nous voyant encore plus affaiblis par nos divisions intestines que par nos récents désastres, les puissances nous prêtent avec confiance, sachant fort bien comment, au besoin, elles recouvreraient leurs fonds avec usure : C'est ainsi que nous avons pu couvrir sans difficulté un emprunt qui s'est élevé à la somme énorme de quarante-deux milliards. On achève de nous perdre en flattant notre vanité, et en nous prêtant on nous méprise. Je dis qu'on nous méprise, parce qu'il est impossible qu'on nous estime, nous qui, au lieu de nous unir contre l'ennemi commun, celui qui nous a ravi notre gloire et notre renommée, en lui prouvant par notre sagesse et notre concorde que, sachant supporter et réparer un malheur, nous sommes encore dignes de vivre en nation, dépensons toute notre énergie pour le triomphe d'une idée, d'un intérêt ou d'un drapeau. Il me semble voir se dégager du fond des brouillards de la Hollande la grande ombre d'Erasme qui, jetant un regard ironique sur les divisions intestines de la France, s'apprête à commencer un nouvel éloge de la folie. Voilà pour la considération extérieure.

Quant à l'ordre, nous devons cette justice au gouvernement qu'il a beaucoup fait pour l'assurer. Toutefois, quel est cet ordre? C'est l'ordre matériel, c'est l'ordre de la force, c'est l'ordre de l'état de siége; ce n'est donc qu'un ordre factice et par là même transitoire. L'ordre moral, celui-là seul qui subsiste toujours parce qu'il n'est pas un effet direct de la force, où le trouvons-nous?... Philosophiquement parlant, l'ordre se définit : Le respect intime de l'autorité, l'obéissance volontaire aux lois, l'amour de la patrie au-dessus de tout calcul d'ambition et d'intérêt, enfin, par la disparition complète des principes socialistes, le respect de toute hiérarchie dont le point culminant est Dieu. Or, il me semble que cet ordre-là n'existe guère en France, et que c'est sans doute l'une des premières causes de nos malheurs. Ordre donc à refaire dans les intelligences perverties par de faux principes, ordre à refaire dans les cœurs entraînés ou corrompus par des ambitions et des passions sans frein, ordre avec les hommes qui étant nos frères ne doivent pas être les aveugles instruments d'un intérêt personnel, ordre enfin avec Dieu, — Dieu dont quelques avocats-députés n'ont pas voulu trouver le nom parlementaire !...

Quant à la confiance du lendemain, malgré notre bonne volonté nous ne la voyons établie que dans une classe de la société, parmi ces hommes qui, loin de craindre les catastrophes, les attendent au contraire avec joie, parce qu'ils savent que, s'ils n'ont rien à perdre, ils peuvent avoir à gagner. Mais les esprits sérieux pensent différemment ; ils se demandent avec anxiété où nous conduira la division des partis, et en quelles mains tomberait le pouvoir, ce que deviendrait enfin la France, si le chef de l'Etat venait à disparaître aujourd'hui ou demain....

Les dissensions, les ambitions, les rancunes ont produit deux effets également désastreux : elles ont amené l'impuissance d'abord, jeté le trouble dans les esprits et une sorte de désarroi moral dans la nation tout entière. Le calme apparent dont jouit le pays naît pour les uns de la crainte salutaire de l'épée, pour les autres de la juste confiance en la parole chevaleresque du Maréchal. Tout l'édifice social repose donc sur la tête d'un homme obligé pour gouverner de s'appuyer sur des éléments disparates qui, sans le détester personnellement, ont personnellement intérêt à le renverser. Que cette forte barrière soit brisée par le flot tumultueux des passions surexcitées à dessein, et la France affolée de terreur, sans appui, sans guide, sans protecteurs retomberait dans l'anarchie. Quel est l'homme sérieux qui ne serait inquiet du lendemain, alors que, d'un jour à l'autre, nous pouvons tomber sous le joug tyrannique d'une dictature, ou être en proie aux excès d'un gouvernement populaire ? Que l'on ne croie pas que j'exagère à dessein ; les mêmes hommes qui ambitionnent le plus le pouvoir sont ceux qui commirent l'attentat du 4 septembre et dans la même séance préconisèrent le patriotisme de Rochefort, après avoir déjà forcé l'empereur à se désister du commandement en chef de l'armée du Rhin, pour remettre ce même commandement aux mains de Bazaine. Ces hommes-là sont définitivement jugés ; mais si on ne les admire pas, il est toujours prudent de les craindre et plus prudent encore de les empêcher d'en venir à leurs fins. Ils ont intérêt à tenir le pays dans le trouble de l'incertitude, car le trouble paralyse toujours l'énergie, ce dont ils savent habilement profiter. Aussi la situation morale de la France pourrait, à mon avis, se définir : *L'agitation des esprits dans la tranquillité des corps.*

Je ne sais ce que les évènements nous réservent, mais si mes craintes sont fondées, il ne peut y avoir qu'un moyen de prévenir les malheurs dont nous sommes menacés. L'Assemblée a fait une partie de son devoir en nous délivrant de la présence de l'étranger ; qu'elle le fasse tout entier en abjurant ses haines et en nous assurant le lendemain par un gouvernement stable, fortifié par des lois constitutionnelles qui le mettent au-dessus du mauvais vouloir et des entreprises des partis. Or, à ce sujet, je répèterai la réflexion d'un célèbre penseur. Montesquieu a dit : « Donnez à un peuple non pas les meilleu-« res lois, mais celles qui conviennent le mieux « à son tempérament et à son génie. » Après Montesquieu je dirai, mais dans un autre ordre d'idées : donnez-nous, non pas le gouvernement qui paraît à votre avis le meilleur, mais celui qui peut le plus facilement et le plus promptement amener l'apaisement et réparer les ruines matérielles et morales de la France. Unissez-vous donc, non pas pour bâtir une tour de Babel, mais pour fonder un régime honnête et fort, et qu'après cela tous les partis se taisent, que l'amour de la patrie soit plus fort que les intérêts personnels, qu'il n'y ait qu'une France et des Français.

Jetons donc un coup d'œil sur la nature des divers régimes qui tour à tour ont gouverné la France depuis un siècle, et voyons dans quel sens aujourd'hui un régime quelconque peut aspirer au pouvoir.

§ Ier. — DE LA RÉPUBLIQUE.

« Les peuples, dit J.-J. Rousseau (1), une « fois habitués à des maîtres, ne sont plus en

(1) Dédicace du *Discours sur l'Inégalité parmi les hommes.*

« état de s'en passer. S'ils tentent de secouer « le joug, ils s'éloignent d'autant plus de la li- « berté que, prenant pour elle une licence effré- « née qui lui est opposée, leurs révolutions les « livrent presque toujours à des séducteurs « qui ne font qu'aggraver leurs chaînes. » Le législateur des nations, de son côté (1), affirme que lorsque Sylla voulut rendre la liberté au peuple romain, celui-ci ne fut plus en état de la recevoir, parce qu'il n'avait plus qu'un faible reste de vertu, et que tous les coups portèrent sur les tyrans, aucun sur la tyrannie. Enfin, tous les législateurs ont reconnu que, pour établir le régime républicain et le rendre viable, il fallait prendre un peuple à son origine et ne pas le laisser énerver d'abord par la tyrannie. Dès que le despotisme, dans une longue suite de générations, a fait disparaître la vertu en la remplaçant par l'ambition, l'intérêt, l'amour du pouvoir et des honneurs, le favoritisme et le luxe, il devient impossible de fonder une république quelconque. Je ne comprends donc pas que l'on ait la pensée d'établir sérieusement en France une république.

Le régime républicain se définit, en effet, d'après Montesquieu (2) : « *Celui où le peuple en corps a la souveraine puissance.* » Il est évident que si dans cette définition on ne comprend pas le régime aristocratique proscrit par les principes de 89, il est évident, dis-je, ainsi que

(1) Montesquieu, *Esprit des Lois*, l. III, c. III.

(2) *Esprit des Lois*, c. II.

l'assure plus bas le même auteur (1), et avec lui Grotius, Libanius (2), J.-J. Rousseau (3), etc., qu'une république ne peut exister que dans un très petit état. Le peuple ne peut s'assembler très souvent en corps que dans une seule ville où tous les citoyens se connaissent et traitent en commun sur la place publique toutes les affaires de l'Etat, comme cela se pratiquait à Athènes, à Lacédémone, à Thèbes, à Rome même où les plus grands hommes étaient constamment exposés à la censure de leurs concitoyens. Du reste, pour qu'un gouvernement puisse subsister, il faut qu'il soit non-seulement *de nom*, mais *de fait*, non-seulement *matériellement*, mais *moralement*, c'est-à-dire, qu'il obtienne l'adhésion de la grande majorité des citoyens, et que, *par sa nature même, il soit en rapport avec les vertus civiques des générations qui l'acceptent.*

C'est en se fondant sans doute sur ce principe incontestable que M. Thiers a prononcé ces paroles qui ont eu un terrible écho dans toute l'Europe : « La République est le gouvernement qui nous divise le moins. » Quand l'illustre orateur émit cet axiome nouveau, il avait déjà depuis longtemps écrit son *Histoire de la Révolution*, et avec la précision, la clarté et l'ampleur qui le distinguent, il avait parfaitement retracé les divisions de la Convention, les hor-

(1) L. IX c. I.

(2) *Déclamation*, 18.

(3) *Contrat social*, c. IV.

reurs du Comité de Salut public, la guerre de la Vendée, les insurrections de thermidor et de prairial, etc., etc. Nous étions alors en pleine république, et nul pourtant n'oserait affirmer que ce gouvernement-là fût celui qui nous divisât le moins.

La révolution de 1848, dont M. Thiers a été une grande individualité, n'a pas montré plus de sagesse, produit plus de vertu et donné plus d'apaisement aux passions, parce que là où il y a ambition il y a nécessairement division. Enfin, la Commune, en laissant sur son passage une longue traînée de sang et de feu, a donné un éclatant démenti à ce nouveau principe politique. Et ce qu'il y a de plus étrange, c'est que ceux qui ont renversé l'empire et proclamé la république ne sont pas même d'accord sur le seul principe qui devrait les unir!!!... Les uns veulent une république modérée et conservatrice, ce qui est au moins un non-sens; d'autres la désirent écarlate; quelques-uns prennent le temps de penser à la constitution américaine; enfin les plus habiles parlent à tout propos de la liberté anglaise; et ainsi ce mot de république faussement interprété apporte avec lui des aspirations pour tous les partis, sans qu'ils puissent jamais s'entendre. Pourra-t-on, en effet, faire rencontrer sur un même terrain les conservateurs et les socialistes, les hommes de cœur et les hommes à pétrole, les Mac-Mahon et les Rochefort, les Crémieux et les Ernoul, les Barodet et les d'Audiffret-Pasquier, les Ledru-Rollin et les de Broglie, les Ranc et les Ladmirault, les citoyens de la rue Grolée et ceux de la Chaussée-d'Antin, etc., etc.?... En outre, quand le Midi est loin d'être calme, quand la seconde ville de la France est systématiquement moralisée par les citoyens de la rue Grolée, quand une grande partie du pays et la capitale elle-même sont sous l'empire de l'état de siége, pouvons-nous dire que la république soit le gouvernement qui nous divise le moins? Ne devons-nous pas au contraire définir la république en France : *Une porte donnant à la fois accès à toutes les illusions, à toutes les utopies, à toutes les déceptions et à toutes les aspirations malsaines, porte ouverte par l'ambition et presque toujours fermée par le despotisme?* Ah! si nous avions l'âme assez virile pour pouvoir sacrifier l'intérêt personnel et l'amour des honneurs à l'amour de la patrie, je dirais : « Vivons en république, c'est le seul gouvernement digne des hommes libres. »

Mais ici il faut tenir un autre langage et dire aux républicains qui veulent établir la république, aux républicains qui n'ont pu fonder aucune république, aux républicains qui sont contre une vraie république, aux républicains qui parlent à tout propos de république sans même savoir ce que c'est que la république : « Commencez d'abord à vous entendre sur un mot, avant de désirer une forme de gouvernement dérivant d'un principe sur lequel vous n'êtes pas encore d'accord. »

Le gouvernement démocratique est en théorie

une très belle chose, parce qu'on le suppose *naturellement basé sur la vertu.* Il n'y à qu'une légère difficulté dans la pratique, c'est que nous ne sommes pas toujours capables d'exécuter ce que nous rêvons. « S'il y avait un peuple de « dieux, dit J.-J. Rousseau, il se gouvernerait « démocratiquement ; un gouvernement si par- « fait ne convient pas à des hommes (1) ». Inutile donc d'ajouter que la république, je m'adresse ici aux philosophes seulement, ne peut vivre en France qu'à *l'état d'excès,* ou que, *retombant forcément dans une sorte de monarchie constitutionnelle, elle ne conserve de république qu'un vain nom.* Après cela ne discutons plus sur les termes, et si les mots font notre bonheur, rien n'empêche que nous soyons heureux !...

§ II. — DE LA MONARCHIE.

Ayant rompu avec son passé, ses traditions, sa gloire, et son génie, la France ne ressemble pas mal à un vaisseau désemparé de ses agrès, obéissant à l'impulsion de tous les vents contraires, et par conséquent prêt à sombrer à la première tempête ou au premier écueil. Autrefois reine du monde, elle mendie en vain aujourd'hui une espérance d'amitié ou un appui sincère ; si sa puissance despotique lui donne parfois des alliances forcées, au premier désastre elle les voit se démentir. Ainsi, après avoir été l'admi-

(1) *Contrat social*, c. IV.

ration de tous, elle vit dans cette Europe, où elle a tant de fois dominé, à l'état d'exilée que l'on ne connaît plus ou que l'on s'applique à dédaigner. Les principes démagogiques ont porté leurs fruits; prêcher, en effet, le désordre dans sa maison et chercher à l'introduire chez son voisin est l'un des moyens d'exciter à la fois sa défiance et sa haine. Aussi ce que nous aurions de mieux à faire, ce serait de suivre le conseil du plus sage des Grecs : bannir les rhéteurs qui nous ont perdus et fixer l'ancre du vaisseau de l'Etat sur un principe solide qui nous mette à l'abri des commotions politiques en nous permettant de reprendre notre rang dans le monde. Or, ce principe, où le trouverons-nous?

La république étant jugée philosophiquement et pratiquement impossible, il nous reste à examiner tout d'abord le régime monarchique. Mais avant de nous livrer à cette étude nous émettrons une idée secondaire dont nous tirerons plus tard bien des conséquences : Plus on approche d'un prince, plus on s'aperçoit qu'il est homme, et plus on approche d'un grand homme, plus on remarque que dans bien des circonstances où la passion l'emporte il se rapetisse au-dessous même du niveau commun. C'est dire que, nés libres, nous ne devons pas être les hommes d'un homme, mais les hommes d'un principe; c'est dire encore que nous devons obéir non pas à un prince, par cela même qu'il est prince, mais parce qu'il est la personnification de la loi et du devoir.

Ce principe posé, il sera aisé de faire remarquer que dans cette étude du régime monarchique nous pouvons facilement laisser de côté la question d'opinions, de personnes, de parti, de drapeau, questions que tous devraient également oublier pour ne se souvenir que des malheurs de la patrie.

Le régime monarchique se définit (1) : « Celui où un seul exerce la souveraine puissance » selon des lois fixes. » Ainsi le *peuple est souverain de droit*, comme le demande le principe de la constitution des sociétés; de fait il confie à un seul sa propre puissance, parce qu'il ne veut ou ne peut constamment l'exercer lui-même. C'est une sorte de contrat qui lie également les deux parties : le peuple se donne pour être gouverné *dans le sens de tel ou tel principe fondamental;* le souverain, de son côté, promet la sécurité, l'ordre et la bonne gestion. Le souverain devient donc à la fois le protecteur et l'homme d'affaire du peuple, et si le peuple doit obéissance au prince, celui-ci de son côté doit une suprême obéissance aux lois.

Le prince toutefois, ne pouvant exercer par lui-même le pouvoir tout entier, ni se garantir, tout seul, des excès mêmes de ce pouvoir, a besoin de ce que l'on appelle pouvoirs intermédiaires, qui sont à la fois des canaux par lesquels coule sa puissance et des pondérateurs réglant l'exercice même de cette puissance. Selon que les monarchies se sont tenues dans les limites du droit ou qu'elles ont abordé le despotisme,

(1) *Esprit des Lois*, l. III, c. III.

les pouvoirs intermédiaires ont régulièrement fonctionné, ou bien ils ont été déplacés, quelquefois même complétement annihilés. Toutes les monarchies dérivent ou *de l'usurpation* ou *de l'élection*, et toutes s'efforcent plus ou moins d'oublier leur première origine et d'arriver au despotisme en modérant autant que possible l'exercice et les droits des pouvoirs intermédiaires.

Jusqu'ici tous les législateurs ont fait consister les pouvoirs intermédiaires subordonnés au prince dans la noblesse. Montesquieu dit à ce sujet (1) : « Elle entre en quelque façon dans « l'essence de la monarchie dont la maxime fon- « damentale est : *Point de monarque, point de* « *noblesse ; point de noblesse, point de mo-* « *narque, mais on a un despote.* »

Et, en effet, lorsque Richelieu eut plié la noblesse sous le joug de sa volonté de fer, Louis XIV, *à vingt ans,* pouvait indignement outrager le Parlement en prononçant ce mot que des courtisans ont rendu célèbre, mais que des hommes libres regarderont toujours comme le prélude du plus grand despotisme : « L'Etat c'est moi. » Richelieu avait savamment préparé le despotisme en détruisant le seul pouvoir intermédiaire qui, à cette époque, pouvait restreindre la puissance souveraine. De Richelieu à 89, la noblesse, oubliant son origine, sa dignité et ses devoirs, se fit courtisane et fléchit constamment le genou devant tous les despotes. Corrompue

(1) *Esprit des Lois*, l. II, c. IV.

elle-même, elle flatta la corruption et la débauche, appela du nom de *Bien-Aimé* ce Louis XV qui, tranquille au milieu de son sérail, laissait faire le partage de la Pologne et perdait nos colonies. Et lorsque, comme une tempête de feu, gronda la grande voix de 89, la noblesse énervée ne connut qu'une devise : « *Dieu et mon Roy*, » devise excellente dans le principe, mais fort mal comprise alors, comme la conduite même de la noblesse de cette époque va nous le prouver. Habituée depuis longtemps à substituer le souverain à la patrie, à obéir aux moindres caprices de l'un et à oublier entièrement l'autre, la noblesse n'eut d'énergie que pour émigrer, laisser la France aux prises avec les démagogues, l'accabler enfin en osant tirer l'épée contre elle et combattre dans les rangs des armées ennemies. Tout cela pour la cause du roi ; et où était l'amour de la patrie qu'on aurait pu si facilement sauver dans les commencements, si l'on avait eu un peu plus d'énergie, d'indépendance et de vertu ?... Le ressort essentiel de la monarchie étant brisé, rien ne put empêcher le souffle populaire de l'emporter.

La monarchie donc existe en tant qu'elle gouverne pour le peuple et par le peuple, qu'elle lui assure la sécurité l'ordre et le bien-être ; elle existe encore à cette condition que les pouvoirs intermédiaires qui à la fois déversent et limitent la souveraine puissance, ne soient pas annihilés. Dans tous les autres cas, la monarchie, changeant son principe fondamental, devient absolue, et le peuple, au lieu d'être sujet, est esclave.

La monarchie proprement dite est aujourd'hui représentée en France par le parti dit légitimiste, dont le chef naturel est M. le comte de Chambord. Quoique je ne veuille pas me mêler ici d'opinions, je ne puis m'empêcher de présenter, *uniquement au point de vue philosophique*, l'objection suivante :

D'un côté, la monarchie représentée par le comte de Chambord ne reconnaît qu'un seul droit, celui de régner envers et contre tous, puisque le trône de France paraît, aux yeux intéressés, faire partie du domaine patrimonial ; un seul devoir, celui de ne pas admettre la souveraineté du peuple. D'un autre côté, depuis la fameuse déclaration des *Droits de l'Homme*, la nation, ayant reconquis son indépendance, prétend se gouverner elle-même, ou confier ses destinées à qui il lui plaira. Enfin, le comte de Chambord veut à la fois être élu et conserver le drapeau blanc avec certains vestiges d'une monarchie perdue ; drapeau et vestiges également reniés par les principes de 89, base de notre droit public et de notre constitution sociale. Les légitimistes se tirent de cette impasse par un compromis : Le comte de Chambord veut être appelé par la nation, c'est vrai, mais son élection, si toutefois elle a lieu, signifiera : *Reconnaissance par la nation française de droits imprescriptibles*. Ce n'est ni politique ni philosophique, car la noblesse n'existant plus aujourd'hui à l'état de corps politique, la monarchie, telle qu'elle était constituée avant 89, ne peut plus exister que dans l'histoire.

Qu'on ne m'objecte pas ici le règne de Louis XVIII ; la lassitude le fit accepter ; encore pour se maintenir eut-il besoin du pacte de la *Sainte-Alliance ;* enfin il reconnut la souveraineté nationale, en refusant de réviser en 1817 la Charte qui liait la royauté vis-à-vis du peuple.

Il faut donc conclure que, pour régner aujourd'hui, il est nécessaire de reconnaître la souveraineté du peuple et commencer à être son mandataire, sauf à devenir son tyran plus tard.

Nous verrons à la deuxième partie si, en acceptant ce programme, le comte de Chambord n'aurait pas été peut-être l'homme de la situation présente.

Quoi qu'il en soit, à tous ceux qui aspirent au rôle difficile de gouverner un grand peuple, je dirai : « Prenez la patrie telle que les malheurs, « les temps, les égarements peut-être l'ont faite ; « rendez-la plus grande, plus forte, plus pros- « père et surtout plus vertueuse. L'homme le « plus grand n'est pas celui qui s'obstine dans « un principe usé, c'est celui qui, comprenant « l'esprit de son époque, sait le mieux s'en ser- « vir pour porter ses concitoyens au bien. »

§ III. — DU RÉGIME DESPOTIQUE.

Dans son *Contrat social* (1), Rousseau s'est étrangement mépris quand il a placé au rang des

(1) l. I, c. VIII.

esclaves les citoyens qui respectent les lois par la crainte du châtiment, et n'a regardé comme hommes libres que ceux qui obéissent aux mêmes lois par amour de la patrie et du prince. L'amour et la crainte sont deux choses essentiellement distinctes et cependant elles se relient invinciblement : la crainte produit souvent, *presque toujours* l'amour; dans tous les cas, elle assure le respect. Hobbes et Grotius ont commis la même erreur que Rousseau. Montesquieu, de son côté, s'est donné une peine extrême pour assigner la limite où finit la monarchie et où le despotisme commence. Voulant donner une idée générale de ce régime, il dit (1) : « Quand « les sauvages de la Louisiane veulent avoir du « fruit, ils coupent l'arbre au pied et cueillent le « fruit; voilà le gouvernement despotique. » Je pense que par ces paroles ce grand homme a voulu exprimer que les despotes n'arrivent le plus souvent à la souveraine puissance que par secousses et coups d'état, et qu'ils ne gouvernent que par la répression et la rigueur. Du reste, ce qu'il dit relativement à la politique intérieure et extérieure de ce gouvernement, aux mœurs et à l'éducation des peuples vivant sous ce régime, ne s'applique pas à notre civilisation et ne convient guère qu'à la Russie, la Turquie et plus particulièrement encore à la Perse et aux autres contrées de l'Asie.

Aussi, laissant de côté tous les systèmes hasardés, nous appuierons-nous uniquement, pour

(1) *Esprit des Lois*, l. v. c. xiii.

déterminer la nature et la politique suivie par ces sortes de gouvernement, sur le principe qui les fait être ce qu'ils sont : *la crainte*. Montesquieu définit le gouvernement despotique : « Celui où « un seul gouverne selon sa volonté et ses ca- « prices, » et il admet comme tempérament la religion. Cette manière de gouverner ne peut pas être admise après les principes de 89; un tel gouvernement ne serait que transitoire. Je crois donc que l'on peut définir le régime despotique aujourd'hui : Le gouvernement *populaire* où un seul exerce la souveraine puissance par le moyen de la crainte inspirée par la force. Il ne faut pas confondre la crainte avec la terreur; et il y a cette différence entre le régime despotique et l'anarchie, qui se produit le plus souvent sous un nom quelconque de république, que le despotisme répond de l'ordre, conserve la propriété, réduit au silence les perturbateurs, rassure les bons et terrifie les méchants; tandis que l'anarchie pousse à la terreur, à l'épouvante, à l'inertie, et procède souvent par le désordre, le pillage, les lois de suspicion, le meurtre et l'incendie. Il y a en outre cette différence entre la monarchie et le despotisme que celui-ci, ayant besoin de la force pour se maintenir et courber invinciblement à l'obéissance tous les citoyens et en premier lieu les compagnons de Rochefort, Ranc, Vermesch et autres, est *essentiellement militaire*, tandis que l'autre dont le principe est le sentiment exagéré de l'*honneur*, de la fidélité, du dévouement, du respect, du serment, etc., est *essentiellement patriarcal.* Nous trouverons encore cette différence que le monarque règne par le souvenir, les traditions, le passé, l'amour des sujets; le despote ne peut régner qu'à la condition d'être toujours heureux; le moindre revers peut le renverser. Il n'est pas nécessaire pour régner paisiblement qu'un roi soit un grand homme; il est toujours nécessaire qu'un César soit un homme d'une très grande valeur, et dès qu'un despote pourrait occuper dix ans, sans révolution, le trône de France, on pourrait affirmer de lui à coup sûr qu'il est un immense talent.

Ainsi, sous la forme républicaine, les peuples marcheront au nom de la liberté, de l'égalité et de la fraternité, tout en en possédant moins que sous quelque régime que ce soit; sous la monarchie, ils marcheront parce que la noblesse, le clergé et les lois les conduiront; sous le despotisme, tous les priviléges étant abolis, toutes les castes étant pliées sous le même joug, peuple, noblesse, clergé, conspirateurs, amis et ennemis obéiront aux lois imposées par la force, sans même avoir le droit de trop les discuter.

Il serait peut-être utile de faire ici en passant une curieuse réflexion : règle générale, la république portera souvent aux premiers honneurs des hommes déclassés qu'elle brisera tout d'un coup après avoir reconnu leur incapacité; elle pullulera d'ambitieux, de rhéteurs; *rarement elle aura à son service un seul homme d'Etat*, car par homme d'Etat je n'entends pas les hommes à bascule qui finissent toujours par se perdre eux-mêmes en perdant la patrie. Je ne parle pas non plus ici des états où la république a été non-seulement possible mais traditionnelle, et où les vertus sont héréditaires. La monarchie produira des hommes honnêtes, galants, superficiels, brillants. Le despotisme aura à son service les plus belles intelligences. Malgré soi, en parlant du régime despotique, on est tenté de se rappeler Périclès et Auguste, Louis XIV et Napoléon Ier et enfin la papauté tout entière. Pas un seul règne de pape autocrate qui n'ait eu un grand homme. Voilà, sans doute, une bien malencontreuse réflexion qui paraîtra, au premier abord, un paradoxe; mais comme je m'adresse surtout aux philosophes, je les prie de faire attention à la raison que je vais donner de tout ceci.

Il est évident que Dieu produit son rayonnement dans la créature intelligente quand il lui plaît, et que lorsqu'il veut doter le monde de l'un de ces météores qui l'illuminent sans l'embraser, il ne fait pas précisément attention à la forme gouvernementale qui nous prêche l'obéissance. C'est dire que, sous tous les régimes, des génies peuvent apparaître; mais il faut admettre aussi que certains régimes *éparpillent* davantage les forces intellectuelles et que d'autres *les décuplent en les concentrant.* En effet, plus un homme sera plié sous le joug de l'obéissance et débarrassé par une main de fer des inquiétudes de l'avenir et des préoccupations de l'ambition, plus même on lui simplifiera ses devoirs de citoyen, plus il concentrera ses facultés intellectuelles ; si Dieu l'a fait naître grand, au lieu de se perdre pour devenir un simple tribun, comme cela se voit dans les époques tourmentées, au lieu de courir après les grands comme cela se pratique sous les monarchies, et changer quelquefois un génie naissant contre les plates adulations d'un courtisan, cet homme, sachant que sous le despotisme tous sont égaux, se renfermera dans le silence et l'étude, et là se livrera avec bonheur aux travaux qui sont le propre de son génie. Quelque talent, en effet, qu'ait un homme, si, au lieu de le mûrir par l'étude et la retraite, il court après tous les rêves, après la volupté et le favoritisme, il demeurera talent facile, brillant parfois, mais rarement il ira au-delà ; dans tous les cas, il ne sera jamais ce qu'il aurait pu être.

J'en arrive à la politique que doit inévitablement suivre un gouvernement despotique.

La politique extérieure sera la paix avec les voisins, car le souverain a besoin de toutes ses forces pour se maintenir à l'intérieur ; toutefois il cherchera à inspirer le respect aux autres peuples par la bonne discipline et le nombre de ses troupes. Si le prince fait la guerre, et il la fait rarement en personne, il ne la déclarera que lorsqu'il sera sûr du succès, ou bien d'une manière irréfléchie, dans un mouvement de colère, car, habitué à l'obéissance de ses sujets, il ne peut supporter, même de la part des autres peuples, l'idée d'un mépris, d'une équivoque, et il oublie dans ce cas les premières règles de la prudence.

Quant à la politique intérieure, elle consiste à encourager l'agriculture, le commerce, les arts, l'industrie, les lettres ; et comme le despotisme porte naturellement à l'orgueil, le prince voudra que sous son règne tout fleurisse, tout s'agrandisse, tout prospère, pourvu que tous se taisent, tous obéissent et que lui seul commande.......

La combinaison plus ou moins savante des trois régimes fondamentaux que nous venons d'analyser a produit une sorte de régime à part qui, à son tour, est devenu la base de presque tous les gouvernements européens : le régime constitutionnel que nous allons étudier.

§ IV. — DU RÉGIME CONSTITUTIONNEL.

Pouvons-nous avoir un prince constitutionnel? A cette question M. Thiers, répond que le gouvernement constitutionnel n'a jamais pu prendre de profondes racines en France, parce que l'on n'a jamais trouvé un prince qui comprît bien ce régime. J.-J. Rousseau, parlant de l'affirmation de M. Thiers, aurait dit qu'elle est au moins très gratuite, car (1) *de l'existant au « possible, la conclusion paraît rigoureuse.* »

En effet, non-seulement nous avons eu des monarques constitutionnels, mais ce régime a pris dans notre pays de si profondes racines que c'est à peu près le seul aujourd'hui réclamé par les conservateurs éclairés.

(1) *Contrat social,* l. III, c. XII.

En second lieu, est-il vrai de dire qu'un prince constitutionnel n'a jamais compris le gouvernement qu'on lui imposait?

Avant de répondre à cette question, il est de mon devoir de déclarer que je ne l'examine qu'au point de vue philosophique, et que dans tout ce que je vais dire, je ne fais aucune allusion au régime existant; j'ajoute que je n'étudie maintenant les vices de ce régime qu'en tant qu'ils s'affirment avec le suffrage universel, tel qu'il est actuellement constitué.

Admettre qu'un prince, par le seul fait qu'il est élu souverain d'un grand peuple, ne comprend pas ce que la nation exige de lui par ses mandataires, serait un peu prétentieux, et l'on devrait rigoureusement conclure que M. Thiers, qui a été autrefois l'un des plus ardents soutiens du régime constitutionnel, est le seul qui ait su appliquer le système à bascule, puisque, en fait, la république en France n'est autre chose qu'une sorte de monarchie constitutionnelle. Les souverains ne comprennent que trop bien qu'en les enfermant dans une constitution on les tient en quelque sorte prisonniers; aussi, dès qu'ils ont ceint le diadème, cherchent-ils à élargir un peu le cercle qui les enserre. Admettre donc qu'un prince sera constitutionnel *de nom* et que *de fait*, sans violer trop ouvertement la constitution, il la forcera peu à peu, de façon à singer la monarchie proprement dite ou à se lancer dans le césarisme, *s'il ne veut voir son sceptre bientôt brisé*, voilà une vérité qui me paraît un axiome et, qui plus est, devient un bien nécessaire à la grandeur et à la prospérité d'une nation. Expliquons ce semblant de paradoxe.

Le régime constitutionnel peut se définir : Celui où un seul, élu par les mandataires du peuple, ou directement par la nation dans la forme plébiscitaire, exerce la souveraine puissance, moyennant telles restrictions limitant son pouvoir et telles prérogatives nommées attributions du pouvoir. Il y a donc cette différence entre la monarchie de droit divin et la monarchie constitutionnelle, que les pouvoirs intermédiaires qui, placés dans la noblesse et le clergé, constatent et assurent l'existence de l'une, n'existent pas en droit dans l'autre et sont remplacés par les envoyés du peuple. Il y a encore cette différence entre la monarchie constitutionnelle et le despotisme que, dans ce dernier régime, le prince gouverne *sans contrôle efficace*, et que dans le premier *le contrôle est souvent poussé à l'excès*, au point même d'entraver la marche des affaires. Voilà, si je ne me trompe, le caractère distinctif d'un régime constitutionnel marchant de conserve avec un suffrage universel.

Quant à sa nature, comme ce gouvernement commence toujours par l'élection, elle repose sur un besoin incessant de popularité. Ce régime, dont l'essence est d'être tempéré, serait peut-être le meilleur de tous, si le principe sur lequel il est fatalement condamné à s'appuyer, le *parlementarisme*, ne venait à chaque instant annihiler ses bonnes intentions et le pousser à concentrer toutes ses forces dans la recherche illusoire d'un juste équilibre. Ceux qui nous ont fait le funeste don du parlementarisme auraient bien fait, ce semble, de nous apporter en même temps les Anglais et les mœurs anglaises, afin que ce système, bon pour l'autre côté de la Manche, pût être appliqué parmi nous sans danger. Quoi qu'il en soit, les vieux roués de l'école parlementaire veulent de ce système à tout prix, et bon gré mal gré, il nous le faut provisoirement accepter.

Or, en partant de ce principe, le souverain est à la fois le plus soumis et le plus honoré des citoyens. Il gouverne et il ne gouverne pas, puisqu'il est en même temps sous la dépendance d'une majorité souvent factice et constamment en butte aux attaques d'une minorité turbulente. En définitive, un prince constitutionnel qui admet le système à bascule est chargé du pouvoir exécutif; il a encore l'honneur de recevoir tout seul les ambassadeurs des puissances étrangères; de plus, il est président nommé à vie d'une chambre de députés et d'une chambre de sénateurs, sans avoir le droit de prendre part à leurs discussions. Avec ces honorables fonctions, il cumule celle de président du conseil des ministres qu'il a le droit de nommer et de révoquer, tout en tenant compte pourtant des sévères admonestations de la majorité au nom de laquelle il gouverne. De sorte que, par le fait de la constitution, le souverain est à la fois l'homme le plus heureux et le plus malheureux du pays; il a le droit de s'occuper de tout et de ne s'occuper de rien. Sans pouvoir revendiquer le mérite du bien qu'il fait, il devient fatalement responsable du mal qui se commet, même malgré lui. N'y a-t-il pas toujours des gens assez bien intentionnés pour chercher à démontrer que, si le gouvernement s'est trompé, c'est par entêtement? On l'avait prévenu, on lui avait donné de sages conseils, on lui avait dit : « *Vous n'êtes pas prêt.* » Tout cela est souvent faux, mais de nos jours l'erreur a plus de créance que la vérité.

Le malheureux souverain ahuri, meurtri par un parti, menacé par l'autre, se voyant sur le point d'être débordé, examine avec un profond chagrin s'il n'aurait pas encore assez de vigueur pour tenter un coup d'état, ou assez d'élasticité pour essayer un saut périlleux, et venir fonder une majorité quelconque au milieu des centres.

Et pendant que l'on est occupé de toutes ces petites intrigues intérieures, comment vont les affaires de la France? Elles vont, sinon à la dérive, du moins au hasard et un peu au jour le jour. Or, il est de principe qu'un grand peuple doit avoir à l'extérieur une politique uniforme; partant, qu'un programme en rapport avec les traditions d'une dynastie et les aspirations du pays doit être invinciblement suivi. Ainsi ont fait tous les grands hommes, ainsi a fait celui dont Pierre-le-Grand de Russie disait qu'il lui donnerait la moitié de son empire pour apprendre de lui à gouverner l'autre. Toute la vie politique de Richelieu se résume, en effet, en deux mots : abaissement de la maison d'Autriche à l'extérieur; pacification par la force à l'intérieur. Richelieu réalisa son rêve parce que, malgré tous les obstacles, il suivit constamment le programme qu'il s'était tracé en arrivant au pouvoir. Mais avec notre système à bascule, plus d'uniformité possible. Le gouvernement ne peut avoir de programme arrêté, relativement à la politique intérieure, puisque ses meilleures intentions peuvent être dénaturées, entravées, annihilées par un succès oratoire émanant de l'opposition systématique. Il est facile de comprendre par contre qu'il ne peut pas y avoir non plus de programme arrêté à l'extérieur ; un gouvernement semblable ne doit jamais compter sur une alliance vraiment sûre, attendu que sa parole ne peut jamais sérieusement être engagée.

Ainsi, tant que les bases sur lesquelles repose le régime constitutionnel tel que je viens de le définir ne seront pas modifiées, tant que la puissance délétère de l'opposition systématique ne sera pas diminuée par un consciencieux remaniement du suffrage universel, il nous sera impossible de retrouver les sentiers battus avec tant de succès par nos pères. L'édifice qu'à grand'peine nous parviendrons à élever ne durera qu'un jour, parce qu'il sera fondé sur l'instabilité des passions qui, semblables au sable roulé par le vent, changent à chaque instant d'objet et de direction.

§ VI. — DU CONTROLE CONSIDÉRÉ EN LUI-MÊME ET PAR RAPPORT AU GOUVERNEMENT.

Jusqu'ici nous avons étudié les diverses formes de gouvernement et nous croyons avoir montré ce qu'il y a de défectueux dans chaque régime. Dans les notions préliminaires, nous avons prouvé que tout provisoire conduit à la longue à la décomposition morale et à la ruine matérielle d'une nation. Parlant de la république, nous avons établi que ce régime ne peut exister chez nous qu'à l'état d'excès, ou bien que; conservant son nom, il prend forcément la forme d'une monarchie constitutionnelle. Résumant les principes constitutifs d'une monarchie proprement dite, nous avons montré que la monarchie de droit divin, telle qu'elle a existé avant 89, n'est plus guère possible aujourd'hui, et que pour la faire revivre dans le fond, il faut au moins accepter dans la forme la consécration d'un peuple souverain. En outre, définissant le despotisme, nous avons ajouté que, vu l'état de désorganisation dans lequel se trouve la France, ce gouvernement, s'il pouvait s'implanter chez nous au moyen des conditions exigées par Sieyès, présenterait de puissantes garanties au point de vue de l'ordre et de la prospérité matérielle, intellectuelle et morale. Enfin, nous avons remarqué les fautes inévitables de tout gouvernement constitutionnel uniquement basé sur le parlementarisme et le système à bascule. L'on voit donc que notre attention tout entière s'est portée sur les vices radicaux de chaque régime. Il nous reste à examiner quelle serait la vraie base d'un bon gouvernement constitutionnel, et nous croyons mettre le doigt sur la plaie en développant une pensée que nous n'avons fait qu'indiquer dans le précédent paragraphe : *le contrôle*. A notre avis, c'est le pivot sur lequel roulent tous les gouvernements constitutionnels ; et s'il est vrai que la goutte d'eau tombant sur le granit finit à la longue par le creuser, il est encore plus vrai qu'un mauvais contrôle, poussé à l'excès, finit par renverser les gouvernements les plus solidement assis.

Pour juger sérieusement des effets du contrôle, il faut l'examiner au point de vue de la philosophie de l'histoire, et pour comprendre ce qu'il devrait être, voir ce qu'il a été et où ses propres excès l'ont conduit.

Il est de principe que dès qu'un gouvernement est établi, il faut créer à côté de lui un pouvoir pondérateur qui fasse respecter les droits de la nation et maintienne le pouvoir lui-même dans de justes bornes. Avant 89, le droit de remontrances était exercé sans conteste par le Parlement qui avait en outre le devoir de conserver intact le dépôt des lois. Ce corps si savant, qui a rendu de si grands services au gouvernement en lui résistant souvent, et à la France en défendant les intérêts du peuple, recevait surtout dans son sein la noblesse de robe et le clergé. De Lolme définit fort bien les attributions de ce corps par rapport à sa conduite vis-à-vis du gouvernement, quand il dit (1) : « Le refus d'enregistrer les édits onéreux au peuple est fondé « non sur un droit du Parlement à s'immiscer « dans le pouvoir législatif, mais sur la présomption que cet édit n'émane pas réellement de la « volonté du roi. Quand le roi est résolu à mettre « un terme à son opposition et à repousser ses « remontrances, il se rend en personne au parlement, y tient ce que l'on appelle un lit de « justice, déclare que la loi proposée est réellement l'expression de sa volonté et en ordonne « l'enregistrement (2). » Nous ne voulons pas revenir sur un passé depuis longtemps effacé; toutefois nous préfèrerions un Parlement tel qu'il était constitué alors, qui souvent tenait tête au gouvernement sans avoir l'intention de le renverser, qu'un corps législatif souvent issu d'un principe hostile et apportant nécessairement dans les discussions, même les plus sérieuses, la haine de parti. Aujourd'hui les pouvoirs intermédiaires du gouvernement se trouvent concentrés dans les mains de l'Assemblée législative qui reçoi

(1) De Lolme, *Constitution de l'Angleterre*, édit. 1788. 1. 6. 3.

(2) Il faut admirer ici la conduite sage, prudente mais ferme du Parlement. Quand il lui paraissait que tel édit ou telle loi proposée était défectueuse, il ne se perdait pas en harangues, il refusait simplement l'enregistrement, ayant l'air de croire que le roi avait été poussé à cela, mais que ce n'était pas sa volonté. Cette sage conduite a si bien réussi, que l'histoire compte très peu de lits de justice. Ainsi le roi, rapportant l'édit après une plus sérieuse réflexion, conservait son autorité et son prestige, et le Parlement sa noble indépendance. *(Note de l'auteur.)*

dans son sein indistinctement les divers membres des trois ordres n'existant plus de nos jours à l'état de corps politiques. Il est facile de comprendre que le contrôle ainsi organisé s'exerce sur tous les actes publics du prince, qu'il peut accepter les uns, blâmer les autres, annihiler des décrets, donner force de loi à d'autres, etc. En somme, le souverain a l'initiative, sauf à voir ses propositions examinées, discutées, acceptées, modifiées ou rejetées. Ainsi le contrôle est très sérieusement établi, et l'on ne pourrait imaginer rien de plus raffiné, pour battre constamment en brèche un gouvernement, qu'un corps législatif composé d'un ensemble disparate d'opinions et de partis divers, opinions et partis ayant intérêt à trouver à peu près mal tout ce que fait le gouvernement, précisément parce qu'ils ne sont pas gouvernement.

Mais il y a là un danger à craindre, c'est que le contrôle poussé à l'excès ne parvienne à annihiler le gouvernement lui-même, et que, s'érigeant en maîtres et docteurs en toute matière, les opposants de la gauche ne finissent par corrompre l'opinion publique et rendre impossibles, dans tous les cas odieuses, les sages réformes d'un pouvoir sérieux et prospère. Les hommes d'opposition à tout prix sont de dangereux politiques, parce que chez eux la passion parle presque toujours plus haut que la raison et l'amour de la patrie. Pour nous convaincre de cette dernière vérité, ouvrons au hasard le *Moniteur* des dernières années de l'Empire.

A chaque page nous y trouvons cette préoccupation de la part de la gauche : désarmer le gouvernement, afin de pouvoir plus facilement le renverser. Alors que la Prusse venait de se révéler formidable à Sadowa, nos politiques extrême-gauche prêchaient bénévolement le *désarment général*. Quelques-uns même, pour avoir plus tôt fait, proposaient de désarmer les pompiers. Il est triste de voir des hommes comme MM. Magnin, Jules Favre, Jules Simon, Glais-Bizoin, Thiers, etc., lutter contre le maréchal Niel et réduire à une simple modification de la loi de 1832 ce beau plan formé par le gouvernement en 1866 au lendemain de Sadowa, et qui devait donner, d'après les calculs de M. Magnin lui-même, 1,232,000 soldats en cas d'éventualité à prévoir. Je renvoie mes contradicteurs à la lecture du *Moniteur* à partir de 1866 jusqu'en 1870 ; on y verra que dix jours encore avant l'incident Hoenzollern, M. Thiers ne voulait ni réduction ni augmentation et que, AU NOM DE SA VIEILLE EXPÉRIENCE, il nous assurait que nous étions TRÈS FORTS, *et que ce qui nous rendait forts c'est la peur que l'Europe entière avait de nous*. Ceci se passe de commentaires.

Voilà ce que vaut un contrôle poussé à l'excès. Cependant le contrôle ne devrait exister en principe que pour préserver le pouvoir de ses propres excès, mais non pour l'entraver à chaque instant dans le bien qu'il veut faire; pour l'éclairer, mais non pour le désarmer afin de le renverser.

L'on peut donc conclure que le contrôle, pour être utile au gouvernement et à la nation, ne doit être inspiré que par des hommes sérieux, savants et bien pensants. Or, il paraît évident que les hommes qui arrivent dans une assemblée législative avec l'injonction de faire de l'opposition systématique au gouvernement établi, ne peuvent être que de tristes politiques et de malheureux représentants. Pour arriver donc au résultat désiré par la raison et commandé par l'intérêt de la France, il faut couper le mal à la racine et tailler franchement dans le suffrage universel. Les électeurs des Barodet, Lockroy, Ranc, Ledru-Rollin et consorts, ne doivent figurer sur une nouvelle liste électorale qu'après amendement, ou bien ils devraient être définitivement rayés. Le contrôle donc rendu raisonnable et patriotique par la moralisation du suffrage universel, telle me paraît être la seule base sur laquelle puisse s'asseoir solidement un gouvernement constitutionnel, représenté en partie aujourd'hui par la république nominale du septennat.

DEUXIÈME PARTIE.

Nous venons d'examiner dans la première partie la nature et les principes des divers régimes fondamentaux qui sont appelés, sous une forme ou sous une autre, à gouverner un état quelconque. Nous avons étudié les vices radicaux de chaque régime, comme nous avons cherché à voir le bien que chacun d'eux pouvait produire. Notre but maintenant est de prendre à part chaque parti représentant de près ou de loin les régimes déjà analysés, d'examiner ses tendances, ses principes, son but, ses moyens de parvenir au pouvoir et les chances diverses qu'il peut avoir de s'y maintenir.

Nous suivrons dans cette deuxième partie la méthode déjà adoptée pour la première. Nous étudierons donc en premier lieu les républicains-radicaux ; j'unis à dessein ces deux dénominations parce que dans une république le pouvoir n'appartiendra jamais aux républicains modérés ou se disant tels, attendu que les minorités turbulentes auront toujours raison des majorités modérées ou pacifiques. Le 4 septembre 1870, est là, du reste, et avec lui toutes les révolutions, pour prouver que je n'avance qu'une effrayante vérité, et que, lorsqu'il s'est agi d'arriver au pouvoir, les radicaux l'ont pris pour eux seuls, au détriment des modérés qui, dans ces évènements, ont toujours été un peu dupes. Quand je parlerai donc des républicains, j'entends bien surtout m'adresser aux radicaux.

Nous verrons en second lieu les légitimistes représentant la monarchie, les bonapartistes pouvant, jusqu'à un certain point, faire rêver au despotisme, les orléanistes ou la monarchie constitutionnelle, et enfin nous tâcherons d'étudier le septennat, sa nature, ses moyens d'action et les conditions nécessaires à son existence.

§ Ier. — RÉPUBLICAINS-RADICAUX.

Quand l'Empire à son déclin se vit obligé de concentrer toutes ses forces d'action sur les embarras inextricables de sa politique intérieure, quelques vieux débris de 1848, qui avaient surnagé, malgré les mécomptes et les déboires que la brillante, mais fugitive figure de la république leur avait procurés, pensèrent de nouveau à la possibilité de revoir ce régime où un instant on avait à tort parlé d'eux comme on parle des héros. De son côté, une partie de la nation frémissante, inquiète de l'avenir à chaque assaut livré au gouvernement impérial, les mécontents, la jeunesse inexpérimentée qui naguère avait rêvé sur les bancs de l'école aux anciens Brutus, les déshérités de la fortune, les déclassés, se rangèrent sous ce drapeau républicain, si riche d'espérances. Les chefs de ce parti déjà puissant, car, après quinze ans de prospérité, le Français léger et avide de changements aspire au malheur afin d'avoir le droit de devenir sage, furent des hommes d'une rare audace, et, il faut le dire aussi, d'un grand talent oratoire uniquement employé à amener au plus tôt la ruine de ce majestueux édifice qu'un grand cataclysme seul put faire crouler. On s'engoua facilement pour ces hommes, et tous les jours les honnêtes dupes, car il y en aura toujours, plus dignes de pitié et d'estime que de colère, s'extasiaient dans les estaminets, dans les établissements publics, à la lecture des feuilles qui leur apportaient les brusques interruptions des uns, les brillantes interpellations des autres, leurs théories gouvernementales et philantropiques, et, dans leur naïf enthousiasme, n'ayant jamais réfléchi au mobile de tout cela, ils s'écriaient :

« Quel gouvernement, quelle belle république « nous fonderions en France avec des hommes « de cette trempe ! ! ! Quelle hauteur d'idées, quel « désintéressement, quelle noblesse ! Exempts « d'ambition, ils ne prêchent que pour le bon- « heur de la patrie; ils ne veulent pas même « entendre parler d'armées permanentes qui « écrasent le pays d'impôts; ils pensent qu'au « simple nom de république tous les hommes « seront unis comme des frères, parce qu'ils « veulent l'égalité pour tous. Avec de pareils « héros au pouvoir, nous posséderions la véri-

« table fraternité prêchée par le christianisme. « Oh! quel rêve, si ces hommes destinés par Dieu « à changer la face du monde arrivaient un jour « à gouverner la France!!! » Et, le 4 septembre, le rêve s'était tout-à-coup converti en une foudroyante réalité.

On peut affirmer que s'il y eut un parti acclamé à son arrivée au pouvoir, ce fut celui-là, car la France, surexcitée jusqu'au délire par les malheurs communs, blessée dans sa passion la plus chère, la gloire, par la capitulation de Sédan, crut trouver dans le gouvernement de la Défense nationale des sauveurs, et elle se livra à eux avec l'énergique étreinte du noyé qui avant tout réclame la vie. Le pays se soumit à tout sans murmurer; tous les décrets, même les plus absurdes, furent exécutés sans discussion; une dictature s'établit dans un moment de frénésie, sans même que la nation en eût conscience; car elle avait toujours les regards tournés vers le drapeau français qui, à chaque instant, battait en retraite devant l'ennemi. Et, chose étrange! la France, essentiellement monarchiste, essaya de paraître républicaine pour encourager au bien ces hommes qui, sans mandat, avaient usurpé le droit et le pouvoir de la gouverner.

Les sauveurs étaient au pouvoir, la France frémissante à chaque pas de l'ennemi attendait d'eux le salut, mais tout-à-coup elle vit se changer ce beau rêve en une honteuse déception! Au lieu de voir s'élever le superbe édifice conçu dans toutes les jeunes imaginations, au lieu du salut, du dévouement, du désintéressement, nous avons piteusement assisté à ce que M. Louis Veuillot appelle pittoresquement : « La fête des crémaillères (1). » Sous ce régime dictatorial, d'où est éclose la Commune, nous avons eu beaucoup d'ordres, de contre-ordres, le désarroi, la lassitude, l'ineptie partout, des paroles d'avocats, pas une seule action révélant un homme politique. Et l'on croyait avoir trouvé dans M. Gambetta, avocat-député, un général taillé à la façon de Napoléon Ier, dans M. Jules Favre un glorieux ministre des affaires étrangères, dans M. Crémieux qui, à cette même époque, se vantait de *tout faucher dans la magistrature*, un éminent garde des sceaux, dans Rochefort enfin, le déporté dont à cette même époque les collègues vantaient le patriotisme, un organisateur, un *ad omnia utilis*. Et, en effet, il sut fort bien plus tard organiser les barricades ! Quelle amère dérision pour ceux qui, un instant, avaient eu la faiblesse d'avoir foi en ces hommes ! Et tout ce monde officiel, pataugeant sans honte dans l'ignorance du maniement des affaires, avouait, sans rougir, que, n'étant pas habitué au pouvoir, on avait besoin d'étudier les rouages de la machine gouvernementale !...

Tirons un rideau sur cette piteuse comédie où la France, ayant jusque-là conservé au milieu de ses revers sa noble dignité dans le monde européen, fut tout à coup indignement vouée au ridicule.

Amis pour détruire et s'emparer du pouvoir,

(1) L'*Univers*, premiers numéros de septembre 1870.

ennemis pour fonder et exercer la suprême puissance, telle est l'inexorable loi de la sagesse des siècles. Le général Trochu, président, voyant sa présidence réduite à néant, est obligé de donner sa démission; M. Gambetta lance de Bordeaux un manifeste dans lequel il dénonce M. Jules Favre comme ayant outre-passé ses pouvoirs en livrant Paris sans le concours de ses collègues; celui-ci, de son côté, accuse le dictateur de viser au pouvoir souverain et de s'être nommé dictateur tout seul. En désespoir de cause on envoie de Paris à Bordeaux M. Jules Simon, sous le prétexte de certains accommodements et du confectionnement d'une loi électorale, mais en réalité pour surveiller les menées et l'ambition mal déguisée de l'ex-dictateur. Enfin, chacun pensait à soi et peu ou point à la patrie; et la France indignée envoya en février à l'Assemblée nationale une forte majorité conservatrice qui fit prompte justice de ce gouvernement inauguré par la ruse et l'usurpation et que l'arbitraire et la violence pouvaient seuls maintenir. Et Rochefort désespéré de voir, au pacte de Bordeaux, le pouvoir lui échapper, organise la Commune, afin de se tailler un gouvernement où il fût enfin quelque chose. Voilà un bien mauvais rêve, et ce rêve a été malheureusement une affreuse réalité!...

Jusqu'ici j'ai fait parler les faits et montré les acteurs sur la scène, et je crois qu'ils ont suffisamment expliqué eux-mêmes que le parti républicain, arrivé au pouvoir dans des circonstances où la France ne lui demandait, pour l'acclamer, que de la sagesse, du patriotisme et de la modération, servi par des hommes dont on avait le droit d'espérer beaucoup, ne put que montrer une inepte impuissance et enfanter l'anarchie ; ce qui est loin d'être un gouvernement. Laissons maintenant la parole à la raison, voyons agir les mêmes acteurs dans les coulisses ; nous comprendrons le but réel du parti républicain, et nous verrons que nous sommes loin du patriotisme et du dévouement dont on parle aux naïfs.

Tous les hommes vraiment sérieux ont considéré ce parti, non pas comme un parti ayant réellement des chances d'avenir, mais comme un levier ou une force brutale dont savent se servir quelques ambitieux pour atteindre un but dès longtemps convoité.

Le parti républicain ressemble de très près à la franc-maçonnerie, et les deux corps ont un tel air de voisinage et de fraternité qu'on les dirait issus du même principe. Dans la maçonnerie il y a deux classes bien distinctes : les *initiés*, véritablement maçons, et les *naïfs* qui sont le paravent derrière lequel s'abritent les premiers. Ceux-ci poursuivent un double but hautement avoué dans leurs statuts : renverser le trône et l'autel ; le trône, parce qu'il est l'expression de la loi humaine et de la répression ; l'autel, parce qu'il est l'expression de la loi divine à laquelle ils voudraient substituer l'athéisme. Quant à ceux que l'on connaît trop honnêtes pour les faire entrer dans une aussi détestable conspiration, on les enrôle sous une apparence de philanthropie, et aux yeux de ces derniers, les sociétés secrètes ont un sublime but humanitaire. Pour le parti républicain, c'est à peu près la même chose. Il y a les initiés, dont le but est de faire la guerre à tous les trônes, comme étant des instruments d'oppression et de servitude, et sans doute aussi à l'autel; cette dernière assertion ne serait peut-être pas une calomnie, puisque de 1793 à 1800, si on *daigna reconnaître l'existence d'un Être suprême,* il n'en est pas moins vrai que la religion de l'Etat fut le culte de la déesse Raison, représentée dans les cérémonies publiques par une prostituée!... A côté des initiés qui sont généralement les meneurs, il y a les honnêtes républicains, les républicains convaincus qui voudraient, en faisant abstraction des passions humaines, une république aux larges assises, fondée sur la vertu et régnant par la grandeur, la force jointe à la modération, la majesté et la sagesse; ce sont les naïfs du parti. Ceux-là sont trop honnêtes pour ne pas mériter toute l'estime et le respect des gens de bien, et si leur rêve pouvait se réaliser, ils ne seraient pas les seuls à le caresser. S'ils sont dupes, ils sont encore plus dupes de leur propre vertu et de leur inexpérience que des passions de ceux qui les conduisent. Aussi nous avons dit que ce n'est pas pour eux que nous écrivions; républicains par la tête, ils sont conservateurs par le cœur. Exempts d'ambition, incapables de tromper ou de se porter à des excès, ou d'admettre de coupables utopies, ils deviennent les instruments inconscients de l'ambition et des passions des autres. Et ce qu'il y a de plus étrange, c'est que peu de naïfs voudront se reconnaître dans ce tableau; ils aimeront mieux continuer à être dupes que de cesser de l'être, ou de paraître l'avoir été. Laissons-les dans leur généreux aveuglement.

Le parti républicain considéré en lui-même me paraît donc être un composé de lignes courbes, depuis M. Emile Ollivier qui de la gauche vient s'asseoir à la droite en finissant par devenir le malheureux ministre de Napoléon III, jusqu'à M. Jules Simon qui, dans sa *Politique radicale*, demande le droit d'outrager toutes les religions. Se cramponnant néanmoins avec désespoir à son portefeuille qui à chaque instant menace de s'envoler, il finit, pour gagner les bonnes grâces de la droite, par plaider en faveur des chanoines de St-Denis dont on voulait rogner le budget! Ce parti donc, pour escalader le pouvoir, est forcé d'avoir recours à la ruse et à la violence, et il ne peut le conserver quelque temps que par l'excès et l'arbitraire; or le *violentum non durat* a été et sera toujours vrai. La nation revient peu à peu de son engouement et, considérant de sang-froid les actes et les menées de ces hommes, se demande avec terreur jusqu'où peut aller le patriotisme de ceux qui prêchent constamment contre la tyrannie, pour avoir le droit de remplacer désavantageusement les tyrans.

Je réponds immédiatement à une objection

qu'on ne manquerait pas de me faire à ce sujet : consultez les élections partielles, le plus grand nombre des élus appartient au parti radical ; donc la France est républicaine.

Il est vrai que dans une foule d'élections partielles les conservateurs ont été battus et que les radicaux sont sortis triomphants des urnes électorales. Je vais donner la raison de tout cela et tirer de ce fait même la faiblesse du parti républicain et l'immobilité, ce qui est pour lui la mort, à laquelle il va se trouver condamné sous peu. Je m'adresse aux philosophes surtout, je dispense donc les hommes légers de lire ce passage.

Le parti républicain est très uni et très bien discipliné; les naïfs comme les initiés paraissent obéir aveuglément au mot d'ordre tombé des lèvres des chefs suprêmes. On présenterait aujourd'hui Ranc condamné à mort pour crimes de la Commune, tous les républicains voteraient avec ensemble pour le vertueux Ranc. C'est que les radicaux ont un but noblement avoué : ressaisir le pouvoir qui leur a échappé par leur faute. Alors qu'ils étaient maîtres absolus de la situation, ils voulurent en appeler au pays, et le pays condamna leur impéritie et leurs sottises en envoyant à la Chambre une très forte majorité conservatrice qui fit descendre des sommités du pouvoir ceux qui, par cet acte de confiance envers la nation, espéraient le conserver encore de longs jours. Voilà comment la France est républicaine.

D'un autre côté, si le parti conservateur a été souvent battu, c'est à ses divisions et à son inertie qu'il le doit. Tant que le provisoire absolu a duré, tant que le septennat n'a pas été fondé, chaque parti conservateur a travaillé individuellement pour sa propre cause. Quand il s'est donc agi de nommer un conservateur à l'encontre d'un radical, les deux autres partis auxquels n'appartenait pas le candidat, de peur de renforcer trop le parti auquel il appartenait, ou ont voté contre lui, comme le montre le premier échec de M. de Rémusat, ou bien se sont renfermés dans une impolitique abstention. La division a donc forcément fait entrer à la Chambre un certain nombre de radicaux, l'inertie en a conduit un nombre à peu près égal.

Pendant que les républicains, au lieu de s'abstenir, cherchaient parfois à multiplier leurs votes, une certaine classe de la société, conservatrice par essence, — et je parle surtout ici de la bourgeoisie, — regardait d'un œil indifférent ou attristé monter jusqu'à elle le flot tumultueux; mais, se renfermant dans une inutile et impuissante terreur, elle se contentait de quelques banales déclarations et ne prenait aucun moyen pour arrêter l'envahissement radical. Elle s'est crue inutile ou impuissante, de plus elle a pensé sans doute que faire acte de citoyen au milieu des tourmentes révolutionnaires, c'était ou trop s'exposer, ou manquer à sa petite dignité bourgeoise!... Elle s'est donc posée inutilement en victime; avec une petite morgue ridicule elle a repoussé du pied la foule qu'elle aurait dû éclairer et diriger; elle a voulu être martyre, sans en avoir ni le courage ni la vertu. Le triomphe des républicains se trouve donc naturellement expliqué par ces deux causes fatalement désastreuses : division et inertie.

Mais aujourd'hui il est permis d'envisager la question sous un jour nouveau. La fondation du septennat, ayant mis fin au régime des diverses prétentions à courte échéance, a forcé par là même tous les conservateurs à se réunir autour du même drapeau, jusqu'à ce que paraisse à l'horizon l'heure funeste de nouvelles dissensions, heure assez éloignée et que ne verront pas sans doute tous ceux qui l'attendent avec le plus d'impatience. Le parti conservateur est donc forcé d'être septennaliste, puisqu'il a créé le septennat, et ministériel pour ne pas laisser affaiblir le gouvernement de sa combinaison. De plus, le vote rendu obligatoire forcera l'heureuse bourgeoisie à sortir de son indolence. Or, entre un conservateur et un radical, le choix ne sera pas douteux, et cela seul suffit à établir la majorité conservatrice de la France, relativement aux républicains, dans la proportion de trois à un. Voilà comment la France est républicaine, et voilà aussi comment le parti républicain va se trouver réduit à galoper sur place; or, pour ce parti, ne pas avancer c'est mourir.

D'un autre côté, la division ne peut tarder à pénétrer dans le camp républicain, et la défection s'en suivra. MM. Ledru-Rollin et Thiers ne sont pas les meilleurs amis du monde; M. Gambetta est déjà accusé de modérantisme; chaque chef, travaillant pour soi, arrivera à l'impuissance. Enfin, après quelque temps de réflexion, les républicains honnêtes finiront par se demander ce que peuvent signifier les élections Barodet, Ranc, Lockroy, Ledru-Rollin, etc., et peu à peu ils se retireront avec armes et bagages. En outre, sept années de calme et de prospérité mûriront bien des têtes écervelées; les éléments modérés suivront leurs anciennes traditions; après avoir été un peu républicains, ils se rallieront au gouvernement.

Il ne demeurera donc debout du parti républicain que les républicains à tout prix, qui forcément feront toujours la guerre à tout ministère et à tout gouvernement qui n'est pas eux, et qui par là même auront toujours de nombreux adeptes, parce que dans les bas-fonds fangeux des grandes cités s'agiteront toujours des milliers d'individus pour lesquels les troubles, le désordre et les malheurs de la patrie sont un gain.

En résumé, je n'ai pas la prétention de dire qu'il n'y aura plus de Commune, qu'il n'y aura plus de vengeances, qu'il n'y aura plus de crimes, qu'il n'y aura plus de convoitises à satisfaire, qu'enfin les radicaux ne reviendront plus au pouvoir ; mais j'affirme que, incapables de fonder quelque chose de sérieux et de stable, ils se détruiront mutuellement une fois au pouvoir, et jetteront par là même la France dans l'anarchie. Ce parti ne peut donc fournir une base solide pour asseoir un gouvernement.

§ II. — LÉGITIMISTES.

En avril 1873, alors que rien ne faisait présager la gravité des événements qui se sont déroulés depuis, écrivant le paragraphe qui a trait à la monarchie, je terminais une objection adressée au parti légitimiste (1), par cette pensée : « Concluons que pour régner aujour- « d'hui en France, il faut reconnaître la sou- « veraineté du peuple et commencer à être « son mandataire, sauf à devenir son tyran « plus tard ». Et plus bas, faisant allusion au comte de Chambord, j'ajoutais : « L'homme « le plus grand n'est pas celui qui s'obstine « dans un principe usé ; c'est celui qui, com- « prenant l'esprit de son époque, sait le mieux « s'en servir pour porter ses concitoyens au « bien. » Prévoyais-je déjà que toute tentative de restauration monarchique aboutirait à un échec? C'est ce dont nous n'avons nullement besoin de nous occuper ici. Quoi qu'il en soit, j'ajoute qu'il est dans la vie des princes, comme dans celle des peuples, de ces heures solen-

(1) 1re partie, § II : *De la monarchie.*

nelles et décisives qui, une fois écoulées, ne se représentent plus. Henri v a sciemment, de sa royale main, brisé le parti légitimiste, et lui a même enlevé l'espoir de l'avenir. Voyons jusqu'à quel point je dis vrai.

Dans une longue lettre adressée le 8 mai 1871 à un membre de l'Assemblée nationale, le comte de Chambord, depuis longtemps oublié de la plus grande partie de la France, se montre à l'horizon et promet de sauver le pays. « Croyez-le bien, dit-il, je serai appelé, non-« seulement parce que je suis le droit, mais « parce que je suis l'ordre, parce que je suis « la réforme, parce que je suis le fondé de « pouvoirs nécessaire pour remettre en sa place « ce qui n'y est pas et gouverner avec la jus-« tice et les lois, dans le but de réparer les « maux du passé et de préparer enfin un ave-« nir.

« On se dira que j'ai la vieille épée de la « France dans la main, et dans la poitrine ce « cœur de Roi et de Père qui n'a point de « parti. Je ne suis point un parti et je ne veux « pas revenir pour régner par un parti. Je « n'ai ni injure à venger, ni ennemi à écar-« ter, ni fortune à refaire, sauf celle de la « France; et je puis choisir partout les ou-« vriers qui voudront loyalement s'associer à « ce grand ouvrage.

« Je ne ramène que la religion, la concorde « et la paix; et je ne veux exercer de dicta-« ture que celle de la clémence, parce que

« dans mes mains, et dans mes mains seule-
« ment, la clémence est encore la justice.

« Voilà pourquoi je ne désespère pas de
« mon pays, et pourquoi je ne recule pas de-
» vant l'immensité de la tâche. »

Il ressort clairement de là : 1° que le comte de Chambord entend être appelé ; 2° qu'il ne veut pas venir par un seul parti ; 3° que lorsqu'il sera appelé il ne reculera devant aucun sacrifice.

Le programme absolu du comte de Chambord paraîtrait avoir été hérissé de difficultés et d'obstacles dans le dessein de décourager le parti légitimiste et de le forcer à abandonner la folle idée d'une entreprise monarchique. Comment ! Henri v prétend être appelé, quand son aïeul fut chassé par le peuple pour les ordonnances anti-nationales ; Henri v prétend être appelé, quand les orléanistes sont là, quand les bonapartistes sont là, quand les républicains tout-puissants aujourd'hui sont là. Or le parti légitimiste, et le comte de Chambord le sait parfaitement, car il connaît très bien la situation de la France, est dans la même proportion que les républicains vis-à-vis des autres partis réunis, c'est-à-dire comme un est à trois. Le comte de Chambord ne paraîtrait-il donc pas avoir voulu se présenter tout d'une pièce, afin de se rendre impossible, tout en conservant son glorieux prestige comme prince légitime ; avoir, en un mot, le droit de ne pas sortir de la vie privée, et être mêlé, pour la première fois de sa vie à l'âge de cinquante-trois ans, aux brusques agitations de la politique?...

Examinons les faits.

Quelque lourde que fût la tâche, le parti légitimiste l'a remplie avec une fermeté, une délicatesse et une habileté qui lui font le plus grand honneur. Que fallait-il pour rendre à Henri v l'accès du trône facile, afin qu'il pût résolument ceindre la couronne traditionnelle? Amener à ses pieds la majorité conservatrice et le faire accepter par le peuple.

Les négociations entamées avec le parti orléaniste amènent la réconciliation de la branche aînée et de la branche cadette, la reconnaissance, par le comte de Paris, de Henri de Bourbon comme chef légitime de la maison de France. Légitimistes et orléanistes, jusque-là irréconciliables adversaires, réunis dans le même principe et sur le même terrain, fraternisent et luttent pour la même cause. Les bonapartistes modérés et les républicains modérés, voyant leurs rêves évanouis, se seraient ralliés au gouvernement héréditaire. La grande majorité conservatrice de l'Assemblée est donc prête; la noblesse, le clergé, une très-grande partie de la bourgeoisie réclament Henri v comme le seul sauveur qui, selon ses propres expressions, « *puisse remettre en sa place ce qui n'y est pas* ». Reste la grande, la difficile question de l'acceptation par le peuple, car il faut bien se convaincre que le peuple depuis 89 a été et sera le seul maître. En vain ses représentants voteront, en vain l'Assemblée se prononcera pour tel ou tel régime ; si le peuple est froissé dans son amour-propre, dans ses intérêts, dans son honneur, viendra un jour où, dans une immense colère, il foudroiera les gouvernements et ceux qui les auront fondés sans son adhésion. Or, qu'on le sache bien, la colère du peuple est semblable aux flots courroucés de la mer ; rien ne peut l'arrêter quand elle émane directement de l'opinion, car Blaise Pascal a dit avant nous (1) : « La reine du monde c'est l'opinion. »

Les légitimistes sensés sentaient toute la difficulté de faire accepter par le peuple français le descendant, non pas particulièrement de St-Louis, d'Henri IV, de Louis XIV, mais surtout et avant tout le petit-fils de Charles X, de l'auteur des *ordonnances*.

Aussi s'efforcèrent-ils tout d'abord de donner à la nation d'efficaces garanties ; le seul programme raisonnable était celui d'accepter la souveraineté du peuple et de venir comme son mandataire d'abord. Des pourparlers s'ouvrirent entre Frosdorff et Versailles ; la commission des Neuf députa enfin vers le prince trois de ses membres pour s'entendre directement avec lui sur les questions fondamentales. L'accord se fit sur ces bases : représentation nationale, gouvernement du roi d'accord avec les deux chambres, liberté des cultes et de la presse, égalité de tous devant la loi, accès de

(1) *Pensées.*

tous les citoyens aux emplois civils et militaires, enfin *reconnaissance du suffrage universel*. Ce dernier point seul reconnaissait implicitement la souveraineté du peuple et les lois constitutionnelles. Henri v devenait donc par la force des choses un roi constitutionnel. Il n'y avait que ce moyen pour arriver, la droite tout entière l'avait compris. M. le marquis de Castellane, au 4 septembre 1873, terminait un magnifique et brillant discours par cette phrase qui à elle seule était tout un programme : « La monarchie sera constitutionnelle et nationale, ou elle ne sera pas. »

Non-seulement il avait prévu les obstacles qui étaient au-devant des aspirations légitimistes, tant que l'on conserverait le drapeau blanc comme un symbole, mais il croyait franchement, lui qui ne confondait pas les révolutions avec le grand revirement de 89, que le drapeau de la France était et devait être le drapeau tricolore.

Restait donc à traiter une question plus insignifiante en apparence que les autres, et qui cependant tenait essentiellement au cœur de la nation. Le parti légitimiste avait trop la connaissance de son époque pour ne pas être convaincu qu'à tort ou à raison, avec une égale épouvante et une égale antipathie, les populations auraient vu flotter sur le sol français le drapeau blanc et le drapeau rouge, celui-ci comme l'emblême de l'anarchie, celui-là comme le symbole du vasselage moral, le vasselage matériel ayant depuis longtemps disparu, emporté par la tourmente révolutionnaire de 89. Cette question fut donc traitée, et d'un commun accord on arriva aux deux résolutions suivantes :

« 1° M. le comte de Chambord ne demande « pas que rien soit changé au drapeau, avant « qu'il ait pris possession du pouvoir ;

« 2° Il se réserve de présenter au pays, et « se fait fort d'obtenir de lui, par ses repré- « sentants, à l'heure qu'il jugera convenable, « une solution compatible avec son honneur, et « qu'il croit de nature à satisfaire l'Assemblée « et la nation (1). »

En principe donc le drapeau tricolore est maintenu comme le drapeau de la nation, jusqu'à ce qu'il soit ou ne soit pas modifié « par « l'accord du roi et de l'Assemblée. » Ceci était une question réservée pour l'avenir et à laquelle les embarras du pouvoir auraient probablement empêché de songer de longtemps.

C'est alors, et dans ces conditions seulement, et avec la parfaite connaissance de ce programme arrêté, que s'établit une ardente polémique entre une grande majorité de la presse conservatrice et la presse républicaine. Au milieu de ce grand conflit d'idées, la France inquiète s'agita un moment frémissante au souvenir du passé ; puis, quand elle eut compris que c'était le passé modifié et agrandi, en rap-

(1) Extrait du procès-verbal de la séance des Neuf, du 16 octobre.

port avec son époque et son esprit, qui lui revenait, elle se tut et attendit. Dans cette grande lutte d'opinions la presse conservatrice avait eu le dessus. Le peuple lassé acceptait sans enthousiasme, comme sans crainte et sans murmure, la majesté traditionnelle du passé s'harmonisant dans une noble étreinte avec les progrès du présent et les rêves de l'avenir. La France tout entière s'attendait donc à l'avénement du comte de Chambord; les feuilles radicales elles-mêmes, qui combattaient avec le plus d'acharnement l'arrivée de la monarchie, ne cachaient pas leur cuisant chagrin; elles savaient, et elles l'avouaient avec une profonde amertume, que le premier vote de la Chambre allait déposer la couronne de France aux pieds de Henri de Bourbon.

Quel pas de géant avait fait le parti légitimiste depuis 1871! Tous les obstacles étaient aplanis, toutes les difficultés levées; toute la France conservatrice attendait, avec impatience de la part des uns, avec résignation de la part des autres, le vote qui allait ramener Henri v et « clore encore une fois l'ère des révolu« tions. »

Tout-à-coup le rêve se change en déception et, au lieu d'un souverain, nous arrive de Salzbourg, le 27 octobre, un manifeste dans lequel le comte de Chambord, parlant de Henri IV, fait rêver à Charles x qui à Rambouillet assista à la messe, joua la partie le soir avec son fidèle prince de Polignac et répondit au duc de

Mortemart et au duc de Raguse qui lui répétaient *que tout était perdu et qu'il n'y avait qu'à rapporter les ordonnances* : « *Bah!* « *bah! ce n'est rien, ne vous inquiétez pas ;* « *je ne veux pas monter en charrette comme* « *mon frère.* » Quand il se fut arrêté à une résolution, il fut trop tard, *l'heure du succès était passée.*

Les ordonnances anti-nationales de juin écrasèrent le comte d'Artois, le manifeste du 27 octobre a brisé à tout jamais la monarchie légitime, puisque Henri v n'a pas d'héritier direct. Le comte de Chambord, prévoyant les concessions du lendemain, a tout retiré d'un seul coup : garanties et drapeau concédés la veille; il s'est de nouveau présenté avec son seul principe. C'est vouloir être au-dessus de la nation, donc vouloir régner contre la nation. Or, je ne crains pas d'affirmer que, si par hasard ou par suite de la lassitude des partis, Henri v montait un jour sur le trône de France, il régnerait sur une nation qui ne l'entendrait pas, il serait le roi d'un désert, jusqu'à ce que la lueur de la foudre lui montrât de nouveau le pénible chemin de l'exil.

Quand il s'agit d'aplanir une montagne, croit-on qu'il suffise d'agiter fièrement dans la plaine un noble drapeau et de crier à la montagne : « Si tu veux que mes glorieux » travaux rendent ton sein fertile, descends « dans cette plaine ou viens combler ce vallon « voisin ». Souriant dédaigneusement à cette invitation, la montagne n'en continuera pas moins à se complaire dans son inutile stérilité et à porter constamment jusqu'au milieu des nues son front audacieux. Mais que des ouvriers gravissent son sommet, qu'ils le découvrent, qu'ils déchirent ses entrailles, que cette terre poudreuse soit dispersée dans le vallon, et, dès que les rayons du soleil l'auront vivifiée, le laboureur en retirera une abondante moisson. En d'autres termes, le comte de Chambord a-t-il compris son époque, ou bien, ne la comprenant que trop, n'a-t-il pas eu à l'heure suprême un de ces éclairs venant d'en haut, qui lui a montré la France si profondement troublée que, pour la remettre dans son calme, il ne lui fallait rien moins que la forte épée d'un illustre capitaine ou la main ferme d'un César?... A Dieu seul appartient le droit de scruter le cœur des rois.

Quoi qu'il en soit, Henri v conservera toujours l'admiration de ses amis comme de ses ennemis politiques, et il ne peut en avoir d'autres. Quand ses ennemis l'attaquent, ce n'est pas à lui personnellement qu'ils s'adressent, c'est à son principe. Le comte de Chambord restera dans l'histoire contemporaine comme une de ces grandes et nobles figures peu faites pour être comprises dans ces temps de troubles et de malheurs. Né grand et vertueux, il est venu un siècle trop tard, au milieu d'un peuple qui n'a conservé de la grandeur des temps antiques que la légèreté, l'égoïsme et une soif insatiable de la satisfaction des appétits sensuels.

Je me résume. Le comte de Chambord voulant arriver avec un principe effacé, répudié par la nation, s'est rendu impossible à tous les points de vue; le parti légitimiste est donc sans avenir, et quand l'heure de la lutte sera venue, il ne lui restera plus qu'à se croiser inutilement les bras ou à donner la force passive dont il dispose à un autre, s'il est sage et patriotique. Telle est la ligne de conduite qu'il suivra désormais, tout en conservant, s'il le veut, dans son for intérieur les vives affections personnelles qui honorent plutôt un parti qu'elles ne lui font de tort. S'il conspire dans l'ombre, il tiendra le pays dans l'inquiétude et l'agitation, jusqu'à ce que, dans un moment de suprême justice, le peuple s'éloigne de lui et le prive du droit de siéger à l'Assemblée.

La république et la monarchie légitime me paraissent être placées aux deux extrêmes. Ces deux éléments n'ayant, ainsi que nous venons de le voir, aucune chance sérieuse d'avenir, la lutte se trouvera circonscrite entre les deux éléments modérés : royauté de Juillet, empire.

§ III. — IMPÉRIALISTES.

Je crois avoir, en traitant le régime despotique, donné une idée plus ou moins exacte de l'empire. Je vais ici préciser.

L'empire issu d'un coup de force est essentiellement militaire, parce qu'il a besoin de la force pour se maintenir. Il dit représenter l'élément démocratique, mais son libéralisme apparent masque le plus souvent l'impérieuse volonté d'un seul. En lui viennent se fondre les opinions modérées, car, au dedans, l'empire c'est l'ordre avec le commerce et l'industrie. Au dehors, sa position est exceptionnelle et il se trouve forcément contraint à rouler dans une sorte de cercle vicieux. D'un côté, il voudrait la paix, parce qu'il connaît les dangers de la guerre et il sait que, s'il y a eu parfois de la gloire à acquérir, il y a le plus souvent aussi des humiliations et d'irréparables désastres à redouter. D'un autre côté, le nom qu'il porte et le principe qu'il représente le forcent souvent malgré lui à la guerre; la pensée de la nation elle-même le conduit là.

L'empire est une sorte de dictature militaire personnifiant la plus grande passion de la nation française : la vanité et la gloire. C'est ce qui permet à ce régime d'être à la fois despotique, majestueux et acclamé. « Oui, crient les Fran« çais, le pied du despote pesait sur nos têtes ; « mais son despotisme était glorieux (1). »

Or, les mêmes fautes qui ont fait tomber Napoléon Ier ont fait tomber Napoléon III. Dès que le premier empereur voulut méconnaître son origine, solliciter l'alliance des princes vaincus, s'allier à la fille des Césars, pour se croire plus grand personnellement et avoir dans sa

(1) Lytton Bulwer, *La France et les Français*, t. 1, p. 210.

famille un empereur, il poursuivit, probablement sans le vouloir, même sans y faire attention, la négation de l'esprit de la Révolution française. Il ne personnifia plus la démocratie militaire qui l'avait élevé sur le pavois. Aux yeux de la nation, comme aux yeux des puissances de l'Europe, le héros, le demi-dieu qui avait créé un régime nouveau et posé les larges assises du plus grand empire des temps modernes, disparut. Il ne resta plus qu'un simple empereur de grand génie qui *cherchait à se faire légitimer ;* ce fut tout. Au lieu de personnifier, comme il l'avait fait jusqu'alors, la nation guerrière, tumultueuse, indépendante, avide de répandre au dehors une liberté qu'elle ne possédait plus elle-même, vouée à tous les sacrifices pour la gloire, de quelque côté qu'elle lui vînt, il ne personnifiait plus qu'une immense ambition personnelle. Et dès lors, la France qui le comprit, commença à s'apercevoir du joug et à gémir sous la main de fer de celui qu'elle avait tant de fois acclamé. Aussi, *au premier revers elle l'abandonna*, comme si de ce puissant génie il ne restait rien, ni sa législation, ni sa gloire qui l'avait rendue pendant dix-sept ans maîtresse de l'Europe, ni ses ponts, ni ses monuments, ni ses arcs de triomphe, ni l'impulsion donnée aux lettres, aux sciences et aux arts, ni toutes ses œuvres enfin dont la moindre portait inévitablement le cachet du grandiose ! Rien, rien que la défaite et l'invasion ! Cette vie de dix-sept ans fut pour la France un siècle d'existence, et elle ne se rappela que dix-neuf ans après sa mort la mémoire de celui qui l'avait portée si haut et qui, par suite d'un seul revers, revers dû encore à la trahison ou à l'ineptie de l'un de ses lieutenants, fut obligé de mourir ignoré sur un rocher perdu au milieu de l'océan! Ainsi Napoléon 1er tomba, comme je l'ai expliqué, du reste, au sujet du régime despotique, en vertu de la fatale loi du succès. Dès que la victoire put un moment échapper à ses mains, il fut perdu.

En second lieu, représentant, comme il l'avouait lui-même, les aspirations du peuple et les instincts guerriers de la nation, dès qu'il restreignit ses puissantes facultés à sa seule ambition et à son seul égoïsme, l'enthousiasme se refroidit et la nation entière se retira. La conspiration du général Mallet est une curieuse preuve de ce que j'avance. « Lors-« qu'un aventurier (échappé de prison avec « 18 francs dans sa poche et n'ayant d'autres « complices que les niais qui seraient ses du-« pes) pouvait mettre en danger un trône qui « n'était point soutenu par un prestige héré-« ditaire, la popularité sur laquelle ce trône « était bâti n'était qu'un sable mouvant. Mais « tandis qu'un tempérament particulier, au-« quel le temps et la continuité semblaient « ajouter de la force, marquait irrésistiblement « la course de Bonaparte, la netteté de son « jugement lui montrait toujours où son but « devait tendre. Il vit, il comprit toujours que « son pouvoir s'appuyait sur la faveur popu-

« laire et sur l'opinion publique; mais cette « énergie violente qui l'avait fait type d'une pé- « riode particulière, était trop indomptable pour « fléchir et céder aux besoins et aux vœux d'un « autre. Il était loin de *mépriser la popularité ;* « mais comme le caractère de son génie était la « *décision et la force*, il se flatta toujours que « *c'était par la décision et la force que la* « *popularité était conquise* (1). »

Napoléon III n'ayant pas hérité entièrement du génie militaire de son oncle, et montant sur le trône par un coup de force, aux acclamations de l'armée, se trouva, par le fait même de son avénement, placé dans une fausse situation. Aux yeux de la nation qui le proclama en 1852, comme aux yeux des puissances européennes, il devait arriver avec le nom qu'il portait, comme le vengeur des traités de 1815. Malheureusement son éducation politique ayant été faite dans un sens parlementaire, qui est aux antipodes de l'esprit guerrier, connaissant, du reste, mieux que personne le génie de son époque, il crut pouvoir opérer une transition et tranquilliser les puissances européennes en affirmant à Bordeaux que « l'Empire c'était la paix. » Il tâcha, en effet, tant qu'il le put, de suivre ce programme ; mais il ne parvint qu'à exciter des ombrages, parce qu'on reconnut bientôt sa supériorité intellectuelle en diplomatie. Reconnaissons immédiatement ce qu'il y a de vraiment grand sous ce règne, du côté du commerce,

(1) Bulwer, *La France et les Français*, t. 1, p. 274.

de l'industrie, de la prospérité financière du pays, des embellissements de la capitale, de l'encouragement donné à toutes les branches de la science, comme à tous les arts. La guerre de Crimée, la courte et brillante campagne d'Italie mirent la France à même de dicter des lois à toutes les puissances de l'Europe. La France en était alors arrivée à l'apogée de sa grandeur, et l'empereur était omnipotent. Paix au dehors avec la gloire, paix au dedans avec la prospérité. Que fallait-il faire? Continuer ce programme et ne pas commettre les fautes que nous allons analyser et dont la moindre, si elle n'était corrigée, devait seule amener invinciblement la chute.

Il y a dix ans, nous écrivimes *Palmyre*. Alors, comme aujourd'hui, dans cet ouvrage relatif à la révolution napolitaine, nous préconisions cette idée que l'Italie, formant un ensemble de petits états établis en confédération, devait être entre les mains de la France comme le contre-poids de la Confédération germanique. Nous établissions, en outre, que la Russie et la Prusse étaient les deux seules ennemies que nous eussions à craindre en Europe, et qu'après avoir abaissé l'Autriche et l'avoir chassée de l'Italie, il était de notre intérêt de la rendre notre fidèle alliée, comme puissance catholique, en lui conservant sa prépondérance en Allemagne (1). Voilà, si je ne me trompe, le seul programme sérieux d'une vraie politique

(1) *Palmyre*, t. 1, c. 1.

au-dessus des mesquines rancunes. Voyons comment il a été suivi.

L'empereur pose d'abord le principe des *nationalités* pour avoir Nice et la Savoie, principe funeste dont se servirent à leur tour les cabinets de St-James et de Turin pour ruiner l'influence française en Italie, au profit de la révolution napolitaine et de l'annexion de la Sicile et plus tard de la Vénétie; principe si funestement retourné contre nous dans l'unification de l'Allemagne et l'injuste revendication de l'Alsace et de la Lorraine.

A la même époque, le gouvernement commet une autre faute encore plus impardonnable : il admet, pour complaire à l'Angleterre et à l'Italie, dont il pensait se faire une alliée fidèle, le principe fameux de la *non intervention.* L'on se contenta d'envoyer mouiller dans les eaux de Gaëte une flotte qui devait assurer une sorte de neutralité, tandis que Cavour agissait ostensiblement par son or et celui de l'Angleterre sur la fidélité équivoque des sujets de François II, et qu'un condottiere chassait ce prince de sa capitale. Après le retrait de notre flotte, retrait demandé à grands cris par les partisans de la révolution, Cialdini à la tête de soixante mille Piémontais venait réclamer l'application du principe des nationalités, — ayant lui seul le droit de violer le principe de la non intervention, — brûlait une partie de Gaëte, le dernier boulevard de la monarchie, et, au nom du même principe injustement appliqué, déclarait le royaume des Deux-Siciles annexé au royaume sarde, avec Rome pour future capitale. Il aurait fallu cependant conserver François II sur son trône, le faire entrer dans la confédération italienne dans le sens que j'ai expliqué plus haut, ce dont le jeune prince n'aurait eu qu'à se louer, et arrêter les agissements de Cavour et du condottiere niçois.

L'année 1866 arrive et va nous prouver que j'avais raison en affirmant que la Prusse ambitieuse et vindicative deviendrait plus tard l'une de nos plus terribles ennemies. Déjà, avec le secours de l'Italie, elle essaie ses griffes contre l'Autriche. Dans cette occurrence, notre premier devoir était de nous rappeler la position menaçante que la Prusse avait prise en 1859, au cas où nous dépasserions le Mincio; il était facile de comprendre que cette puissance inquiète, ayant alors voulu soutenir l'Autriche contre nous et lui déclarant maintenant la guerre sans motif sérieux, n'avait qu'un but : l'agrandissement. Il était donc de notre intérêt, alors que la Prusse qui, n'ayant pas encore complété son organisation militaire, n'était pas sûre d'elle-même, de descendre résolument dans la lice, de prononcer l'indépendance de la Vénétie avec les anciennes institutions de cette république, de maintenir ensuite, comme je l'ait dit plus haut, toute la prépondérance de l'Autriche en Allemagne et d'infliger à la Prusse une rude leçon. Nous aurions pu le faire facilement avec nos « légions agrandies de Magenta et de Solferino, » selon la belliqueuse expression de M. Rouher, expression vraie à l'époque dont nous parlons et fausse en 1870. L'armée alors fière de ses récents triomphes en Italie était solide autant que brave, dévouée autant que disciplinée; elle avait foi en elle-même autant qu'en l'étoile qui la guidait, et le souffle empesté des clubs ne l'avait pas encore démoralisée, comme dans les dernières années de l'Empire. Le coup de tonnerre de Sadowa, qui brisa l'influence autrichienne, ouvrit enfin les yeux à l'indolente diplomatie de la France; mais il fut trop tard. La victoire aidant, le funeste principe des nationalités porta ses fruits, et l'Allemagne du Nord fut créée. Du même coup, la France descendit moralement du premier au second rang en Europe, ce dont la nation s'aperçut avec amertume, ce dont les ennemis de l'empire tâchèrent de profiter pour jeter le discrédit sur tous les actes du gouvernement, et l'empêcher en même temps de réparer cette faute par une solide réorganisation de l'armée, afin de pouvoir le livrer plus tard désarmé à un ennemi puissant.

Jetons un coup d'œil en passant sur le sentiment national depuis le commencement jusqu'à la fin de l'empire, et voyons comment, par suite de ses hésitations et de sa faiblesse, de sa force et de sa présomption, il tombe rapidement dans le discrédit qui conduit à la chute. Voyons encore par suite de quelle cause secrète le libéralisme dont il fait preuve dans sa seconde période, au lieu d'atteindre le but désiré : réveiller l'enthousiasme, ne réveille que des haines endormies, et donne au peuple, travaillé en tous sens par les ennemis du pouvoir, la pensée de songer au changement.

Si les causes premières de la grandeur ou de la faiblesse d'un gouvernement se rattachent surtout à ce qui a trait à la politique extérieure, les causes secondes qui se relient plus intimement à la politique intérieure donnent la mesure et la force du courant d'opinions que manifeste avec une très grande netteté le sentiment national.

Le prince Louis-Napoléon avait dans sa jeunesse préconisé les idées républicaines, et il s'en était servi pour attirer à lui ou à sa cause presque tous les membres influents des sociétés secrètes, afin d'arriver par eux au pouvoir. Il ne basa pas naturellement tout l'espoir de sa fortune future sur les républicains seuls; mais il s'appuya aussi sur les mécontents, et principalement sur ceux que fanatisait encore le nom qu'il portait. Ses expéditions de Strasbourg et de Boulogne prouvent suffisamment que, s'il avait foi en lui-même, il sentait aussi qu'il serait appuyé. Ainsi, il est évident que Napoléon visait avant tout le pouvoir, même en cherchant, comme à Strasbourg, à ébranler la fidélité de l'armée. Pour comprendre cette période de la vie du prince, il suffit de faire attention, sans même avoir besoin de documents secrets ou officiels, qu'il avait dû, dans les commencements surtout, s'entourer d'hommes habiles, intrigants, résolus à tout, mais dont la foi politique était une sorte de spéculation pour l'avenir; donc il avait dû nécessairement promettre beaucoup à ce parti, au cas où il arriverait au pouvoir. Mais Mirabeau, qui se connaissait en hommes, avait dit avec beaucoup de vérité : « Un jacobin, ministre, ne sera jamais un ministre jacobin; » à plus forte raison un prince républicain, devenu empereur, ne pouvait être sur le trône ce qu'il était avant d'arriver au pouvoir.

La présidence qui était, à n'en pas douter, l'acheminement vers le rétablissement de l'empire, ébranla le parti républicain qui l'avait acclamé d'abord avec enthousiasme; le coup d'état du 2 décembre l'anéantit, du moins en apparence; et s'il rassura les hommes d'ordre, il rejeta dans le silence, les mécomptes et les déboires le plus grand nombre de ceux qui croyaient venu le moment de réaliser leurs espérances. En progressant dans cette voie ferme qui le conduisit en peu d'années à être le premier prince de l'Europe, Napoléon acheva de se concilier les masses honnêtes; mais les bombes orsiniennes vinrent tout d'un coup forcer l'empereur à réfléchir sérieusement à son passé.

Placé par les conséquences de la campagne d'Italie entre deux extrêmes : achever d'exaspérer le parti républicain, ou froisser le sentiment religieux de la nation, relativement à l'occupation romaine, Napoléon crut trouver un moyen terme en entrant résolùment dans la funeste voie des accommodements, moyen qui ne satisfit personne. Toute la politique impériale de cette époque paraît, en effet, dominée par la préoccupation de Rome. La lettre autographe du 20 mai 1862 à M. Thouvenel, la dépêche de ce ministre à l'ambassadeur français à Rome, la réponse de M. de Lavalette, tout indique les tendances et les désirs du cabinet des Tuileries : seconder le mouvement italien et inviter sérieusement le souverain pontife à reconnaître le *statu quo*, moyennant le transfert d'une partie de la dette romaine sur la dette piémontaise et une rente proportionnelle consentie par les puissances signataires de l'acte général de Vienne, avec la pensée, non indiquée, mais entrevue, du retrait de nos troupes. Voilà, en résumé, tout le programme relativement à la question romaine, programme qui eut en France, dès qu'il fut connu, un contre-coup terrible. Le *non possumus* des apôtres, prononcé par le souverain pontife, qui déclarait inviolable tout le domaine de l'Eglise, rappelant par contre que la Sardaigne n'avait pu, sans doute, qu'avec l'assentiment tacite de la France, violer impunément la paix de Zurich, que l'Angleterre avait ruiné l'influence française en Italie, fut une véritable défaite pour la politique impériale. L'épiscopat accusa l'empereur de complicité avec Cavour et Victor Emmanuel, et la reproduction de la bulle : *Nullis certe, etc.*, amena la suppression du journal l'*Univers*. Dans leurs mandements, les évêques attaquèrent l'empire avec tant de vivacité ou de logique que plusieurs d'entre eux furent cités à comparaître à la barre du conseil d'Etat. Il se produisit alors, par des principes contraires, un sentiment qui aboutit à un même résultat : *le refroidissement de l'enthousiasme national.* Les uns accusaient le gouvernement de modérantisme par l'occupation romaine, les autres reprochaient l'invasion des états pontificaux ; M. Rouher, pour calmer ces derniers, prononçait son fameux *jamais,* tandis que le gouvernement avait intérêt à fermer les yeux sur les manœuvres des autres. De là un malaise général, des embarras de politique intérieure, malaise et embarras que ne purent dissiper ni l'expédition lointaine de la Chine, ni la guerre du Mexique, etc. C'est au milieu de cette situation fausse que nous surprit le coup de tonnerre de Sadowa. Je tiens de la bouche même d'un homme éminent et très à même, par sa haute position, d'être bien informé (1) « que les « partis avaient eu intérêt à faire regarder « Sadowa comme une humiliation pour nous ; « Sadowa ne fut pas une humiliation pour la « France, ce fut un simple avertissement dont « il fallait savoir profiter. » Nous nous rangeons entièrement à l'opinion profondément juste de notre éminent compatriote, et à cause de cela précisément, nous constatons que Sadowa fut, à tort ou à raison, un fâcheux incident ajouté à

(1) M. de Parieu, alors vice-président du conseil d'Etat.

tant d'autres, incident dont les membres de l'opposition, dans leurs récriminations périodiques, prirent texte pour reprocher au gouvernement d'avoir laissé s'élever la Prusse, sans toutefois vouloir lui donner les moyens de se préparer à une guerre qui dans un avenir prochain paraissait inévitable.

Le malaise ne fit donc que s'acrroître. C'est alors que l'empereur crut tourner la difficulté en dotant la France d'institutions plus libérales; ce fut sa chute. Quand on a habitué un peuple au joug pendant de longues années, il ne faut pas lui enlever presque subitement ce joug, sous peine de le voir se précipiter vers tous les extrêmes. Dès que la France ne sentit plus la main de fer qui l'avait dirigée avec grandeur et fermeté pendant quinze ans, elle proclama immédiatement l'espoir d'un changement. C'est, du reste, ce que nous montre le résultat du plébiscite du 8 mai : le sentiment national ne paraissait plus être avec le gouvernement. En 1852, après un coup d'état, alors qu'il n'était encore que peu connu, que la Chambre presque tout entière avait été contre lui, que Cavaignac comptait encore de nombreux partisans, Napoléon obtint plus de sept millions de suffrages. Et c'est avec une grande peine qu'en 1870, avec des efforts inouïs, avec la pression des rouages administratifs, après dix-huit années d'un règne très prospère, on parvint à approcher de ce chiffre. Battu à une immense majorité dans tous les grands centres, Napoléon dut aux campagnes seules de voir son nom sortir triomphant des urnes électorales.

Si le prince impérial, dans les décrets insondables de la Providence, est destiné à monter un jour sur le trône français, que ses confidents lui apprennent sérieusement que Napoléon III doit sa chute à deux causes capitales : 1° engagements pris au commencement de sa carrière politique avec les sociétés secrètes, ce qui explique les diverses phases de la question italienne qui a été une grande pierre d'achoppement ; 2° personnifiant la démocratie populaire et militaire, dès que, par suite de sa fausse position, il ne fut plus assez puissant pour diriger et maintenir l'opinion, il fut obligé de courir après elle et fut débordé, ce qu'il était facile de prévoir. L'opinion populaire, dès quelle se croit maîtresse, se porte à tous les excès ; elle devient un aveugle tyran qui renverse en un jour ce qu'elle a admiré un siècle.

§ IV. — ORLÉANISTES.

Au premier abord, l'empire et la royauté de Juillet ont un tel faux air de ressemblance et de voisinage qu'on les croirait issus de la même famille. Tous les deux sont constitutionnels, tous les deux sont entrés par une porte dérobée et à la faveur des ténèbres, l'un par suite d'une combinaison forcée, l'autre par suite d'un coup de force. Toutefois il y a entre ces deux gouvernements des divergences profondes qui échappent à l'esprit superficiel et qui font que chacun d'eux repose sur un principe différent. La monarchie de Juillet est la personnification bourgeoise du parlementarisme; l'empire est la personnification de la démocratie militaire qui constitue le régime de la force. Or, l'on peut établir en principe que chaque gouvernement tombe par l'excès même de ce qui le fait être ce qu'il est.

Louis-Philippe est proclamé roi par une combinaison parlementaire, et les luttes parlementaires le font descendre du trône; il suffit de quelques cris : « Vive la réforme! » pour obliger ce prince, après dix-huit ans d'un règne relativement très pacifique, à prendre sans protestation possible, comme sans combat, le chemin de l'exil.

Lorsque éclata la révolution de 1830, tous les partis se trouvèrent pris comme dans un guêpier; on avait chassé Charles x sans savoir par qui on pourrait le remplacer. Les monarchistes, même les libéraux, auraient préféré Henri v; mais le peuple aurait violemment repoussé la branche légitime contre laquelle il venait de se battre; l'armée voulait le jeune Napoléon, et la bourgeoisie avait peur de la république qui lui rappelait le bonnet rouge et les atrocités du comité de salut public. Si à cette époque l'on en eût appelé à la nation, dit l'auteur auquel j'emprunte cette idée (1), voici probablement dans quel sens auraient eu lieu les votes : la noblesse et le clergé pour Henri v, la bourgeoisie pour le

(1) Lytton Bulwer, *La France et les Français.*

duc d'Orléans, l'armée pour Napoléon II et les masses pour la république. L'on ne savait, en définitive, à quel parti s'arrêter : fallait-il créer une nouvelle dynastie avec des institutions nouvelles; rétablir l'ancienne avec une administration populaire, ou confier le pouvoir à une dictature militaire?...... C'est alors que Casimir Périer dénoua le nœud gordien en proposant franchement à tous, sous l'apparence de nuances diverses, le duc d'Orléans, comme étant un peu de tout et n'étant dans le fond rien de bien tranché. Les monarchistes l'acceptèrent comme Bourbon, les libéraux comme membre de l'opposition sous les Bourbons, la bourgeoisie comme l'emblême de la paix au dedans et au dehors, l'armée comme le soldat de Jemmapes et de Valmy, le peuple, enfin, comme un second Lafayette promettant à l'opinion victorieuse des masses des concessions extraordinaires. Cette fausse combinaison qui, à tout prendre, n'était qu'un expédient et pas une solution, rallia à peu près tous les partis, parce que, ne promettant rien en particulier à chaque parti, elle promettait par là même ne devoir en blesser aucun. Le duc d'Orléans était donc accepté, mais à quel titre devait-on en faire un roi? Devait-on le faire regarder par la nation comme le simple successeur de Charles X, ou bien fonder une ère nouvelle? Cette dernière idée, fortement combattue par le parti modéré, prévalut néanmoins, et Louis-Philippe, à son grand étonnement sans doute, se vit créé chef d'une nouvelle dynastie (1) rompant avec les traditions du passé.

Cette royauté issue d'une sorte de compromis entre les partis se trouva naturellement et par la force même des choses dans une fausse situation, et son rôle fut extrêmement difficile à jouer. Contenter tous les partis, c'était le juste milieu adopté, mais c'était aussi demander l'impossible doublé d'impopularité. Les conséquences de cette fausse situation ne tardèrent pas à s'accentuer nettement et à produire à peu près partout le mécontentement. D'abord eurent lieu de larges concessions à l'opinion populaire au commencement triomphante; puis arriva le triomphe du parti de l'ordre, quand l'ordre et le calme furent rétablis. Enfin, comme les amis du duc d'Orléans pour renverser la branche aînée avaient été obligés de marcher de conserve avec les républicains, dès que le gouvernement affirma des tendances conservatrices, les premiers durent se séparer des seconds qui recommencèrent une lutte sourde; enfin l'esprit voltairien, qui commençait à trôner à la cour et dans l'administration, éloigna rapidement une partie de la haute noblesse et le clergé. Ainsi en peu de temps le gouvernement, par l'inévitable nécessité de son *origine*, avait jeté le malaise et le trouble dans les esprits. Forcé d'appliquer toutes ses forces morales à la recherche constante d'un

(1) Voir Conférences entre MM. Laffitte, de Puyraveau, de Laborde, C. Périer, Lafayette, Thiers, Mignet, etc., à la date des 27, 28, 29 juillet, 3 août et jours suivants.

équilibre qui constamment se déplaçait, ne représentant par lui-même aucun élément particulier, il dut s'appuyer pour vivre sur la classe qui est la personnification de l'ordre, du calme et du bien-être matériel : la bourgeoisie. Le savant Henry Lytton Bulwer, écrivant en 1834, analyse ainsi les principes du gouvernement et le règne de Louis-Philippe. L'on verra que cet homme d'Etat était animé, en écrivant, d'un véritable esprit prophétique : « Les Français « ont choisi la paix en choisissant Philippe.... « C'était le gouvernement du *juste milieu*, « comme Louis-Philippe lui-même était le juste « milieu entre des choses et des idées extrêmes. « C'était un gouvernement de la bourgeoisie où « ne se retrouverait ni l'esprit chevaleresque de » la vieille France, ni la turbulente énergie de la « république, ni la grandeur militaire de l'em- « pire, ni la majesté héréditaire de la restaura- « tion.

« C'était en action et en principe le gouverne- « ment de la bourgeoisie, cet ordre le moins ca- « pable d'émotions, le plus sensible aux intérêts « matériels ; cette classe qui demande seulement « le droit et la liberté commune, qui s'occupe le « moins des théories gouvernementales et de la « situation de l'Europe; cette classe qui, dans « l'état actuel de la civilisation, forme la *masse* « de toute nation, mais qui en est rarement la « *force*, très disposée dans les moments de crise « à crier comme le marquis italien hissé sur les « épaules des carbonari et proclamé chef de la

» révolution piémontaise : « Faites ce que vous « voulez, messieurs, mais ne me chiffonnez « pas. »

« Tel est le gouvernement de Philippe; tel il « doit rester, s'il se maintient gouvernement « d'ordre et de paix. Si la guerre étrangère se « déclare, il y a des chances pour une républi- « que militaire; si l'agitation intérieure continue « longtemps encore, il y a des chances pour les « Bonaparte, ou même pour Henri v. La politi- « que du souverain est nettement tracée; il ne « peut gouverner qu'avec un seul parti, celui « dont les idées sont conformes à son origine et « qui *seul est compatible avec son existence.* « Attaquer la politique que doit suivre fatale- « ment Louis-Philippe, c'est attaquer Philippe « lui-même. »

« Le gouvernement actuel de la France est « donc, comme je l'ai dit, un gouvernement de « paix, sans prétention au dehors et qui au de- « dans est fait pour plaire au bourgeois ; il est « essentiellement fondé sur la bourgeoisie et sur « son caractère. Cette base serait solide en An- « gleterre, parce que les mêmes qualités qui dis- « tinguent la bourgeoisie comme classe distin- « guent l'Angleterre comme nation. La bour- « geoisie est en Angleterre la classe la plus na- « tionale par son sérieux, sa gravité, son indus- « trie, sa moralité, son amour de l'ordre. Ces « qualités, propres aux bourgeois de tous les « pays, sont caractéristiques chez nous; mais « en France en est-il de même? Le sérieux, la

« réflexion, l'industrie, la moralité, l'amour de « l'ordre, sont-ce là les qualités essentielles des « Français? Si en Angleterre la bourgeoisie est « l'expression du caractère anglais, elle est au « contraire en France l'antipode du caractère « français. »

L'émeute du 14 février 1831 et plus de soixante autres signes non équivoques de mécontentement, lesquels ont parsemé le règne de Louis-Philippe, prouvent que ni le peuple, ni la noblesse, ni le clergé, ne se croyaient compris et représentés dans ce gouvernement. Ainsi en peu de jours, par la fatale rotation du cercle vicieux dans lequel il était placé comme système et comme origine, il en était arrivé à une très-grande impopularité et se trouvait à chaque instant forcé pour vivre de recourir aux expédients. Or les expédients ne sont pas le fait de tout le monde, et il faut avoir une très grande imagination et une très grande souplesse d'esprit pour faire demeurer une nation stationnaire, et lui présenter toujours sous l'apparence d'un habit neuf un vieux principe dont on ne voulait plus, pour faire rêver à autre chose que ce dont le peuple s'occupait beaucoup alors, le gouvernement. Certes, les ministres de Louis-Philippe furent à la hauteur de leur tâche. Casimir Périer soutint vigoureusement cet échafaudage à figure de Janus, jusqu'à sa mort; après lui vint le duc de Broglie qui avait toute l'étoffe d'un grand homme d'Etat; s'il devint impopulaire, c'est parce qu'il était trop grand seigneur et trop savant pour un régime qui ne pouvait le comprendre. L'ancien *doctrinaire* voulut appliquer les théories émises jadis dans le *Globe*, faire marcher le pays au progrès quand on voulait le faire bourgeoisement reposer, parler raison à une époque où il ne fallait qu'amuser et parler plaisir. Le véritable héros de l'époque fut M. Thiers. Seul il eut le grand secret des expédients; son imagination vive, son esprit souple et délié surent toujours tourner agréablement les difficultés. D'une origine bourgeoise, M. Thiers fut la plus grande personnification de cette époque, personnification qui peut se résumer en deux mots : *Scepticisme politique et religieux*. Cette bizarre combinaison de Machiavel et de Voltaire produisit au dedans un calme assez profond pour qu'il ressemblât à l'inertie, une paix assez durable pour qu'elle confirmât l'impuissance; calme et paix dont se plaignirent souvent avec raison quelques hommes de cœur, dont les paroles faisaient involontairement souvenir de Lally Tolendal quand il disait : « De la « France autrefois généreuse, guerrière, maî- « tresse du monde par son génie, son esprit, ses « armes et ses lois, on a fait une marchande « qui, retirée au fond de son comptoir, empile et « compte de gros sous. » Tels furent les principaux résultats du règne de Louis-Philippe; toutefois il en est un plus désastreux, auquel les historiens contemporains n'ont pas généralement fait attention. Le règne paisiblement féodal de la bourgeoisie implanta dans les campagnes son incrédulité railleuse, son amour des plaisirs, du luxe, et ses propres passions. C'est conduire directement un peuple à l'athéisme, et de là au socialisme pratique. Le peuple, lassé du travail réservé à lui seul, n'ayant aucun frein religieux qui puisse régler ses appétits, ne croyant qu'en cette vie, puisqu'on lui a enlevé la croyance en l'autre, demandera un jour à son tour à vivre bourgeoisement, à jouir du bien-être matériel, puisqu'à ses yeux il n'y aura rien de plus grand. Et la bourgeoisie voltairienne, qui a aujourd'hui remplacé la noblesse par la fortune, le scepticisme et la corruption, sera la première à expier le mal qu'elle a fait, comme la noblesse courtisane de Louis XV fut la première victime de cette grande et terrible tempête, que sa corruption avait fatalement préparée et rendue inévitable.

Aussi, comme il me paraît probable que les princes d'Orléans règneront un jour sur la France, qu'ils aient soin, avant de monter sur le trône, de ne pas se laisser enfermer dans le cercle vicieux dans lequel roula fatalement dix-huit ans le chef de leur dynastie. Qu'ils soient nobles, peuple, armée; bourgeois jamais, car de cette classe, *considérée comme corps politique*, il ne peut rien sortir de grand, rien, si ce n'est l'affaissement des caractères, la disparition de l'esprit national, et enfin le calme effrayant qui annonce la décomposition. Ce système est tellement antinational que, élevé par une combinaison, il dut périr par les luttes parlementaires. Combien de temps aurait régné Louis-Philippe avec un système bourgeois, s'il avait eu à lutter contre le suffrage universel? Que l'on consulte l'histoire et l'on verra que cette grande masse n'a jamais été capable soit de faire une révolution, soit de la comprimer, soit de la diriger. Tout a été fait par la noblesse, le clergé, le peuple, l'armée. Les hommes sérieux qui sont sortis de cette classe ont eu l'instinct de son incapacité ; ils ont été obligés, pour fournir une belle et généreuse carrière, de renier presque leur propre origine et de graviter vers l'armée, le peuple, la noblesse ou le clergé.

Les princes d'Orléans se sont presque tous distingués dans les armes ; je ne vois donc pas pourquoi ils ne chercheraient pas à représenter avant tout l'élément militaire, et à se présenter à la France comme tels. Leur gouvernement aurait alors un sens quelconque, et serait longtemps populaire.

§ V. — DU SEPTENNAT.

Quand Jules Simon, voulant stigmatiser le régime despotique et préconiser l'avènement de de la plus entière liberté pour tout et pour tous, écrivait cet affreux blasphème patriotique : « La patrie est un poteau gardé par un gendarme (1), » prévoyait-il que ses funestes principes et ceux de ses collègues en politique force-

(1) *Politique radicale.*

raient un jour la société à organiser le régime régulier de la force contre les aspirations malsaines et les violences radicales ? Quand, en juillet 1830, M. Thiers, alors journaliste, faisant un appel direct à la révolte, écrivait : « Le ré« gime légal est interrompu, celui de la force « commence, » prévoyait-il qu'il prononçait son propre arrêt ? Charles X avait outre-passé ses pouvoirs, il ne gouvernait plus selon l'esprit de la nation ; M. Thiers fut l'un des plus ardents à invoquer contre lui l'exercice légal de la force. Que l'ex-président ne soit donc pas supris si, n'ayant pas continué à gouverner selon les vœux du pays qui l'avait d'abord acclamé, il a été légalement forcé de descendre les superbes gradins du pouvoir.

Après avoir été l'un des hommes les plus populaires de son temps, avoir mérité le titre glorieux d'*historien national,* avoir, par son éloquence, à deux époques différentes, presque gouverné deux chambres ; après avoir à tous ces titres de gloire ajouté ceux, plus précieux et plus grands encore, d'imposer au pacte de Bordeaux la trêve des partis, avoir saisi les rênes du pouvoir dans un moment de défaillance nationale, à cette heure de vertige, où, brisée par les malheurs de la guerre étrangère, épouvantée par les menaces d'une formidable guerre civile, la France, cherchait dans sa légitime frayeur un homme assez puissant pour la sauver ; après avoir, par l'épée du maréchal de Mac-Mahon, dompté la plus terrible insurrection qui fût jamais, avoir ramené l'ordre dans toutes les branches d'une administration éperdue, travaillé à la réorganisation de l'armée et assuré la libération définitive du territoire, M. Thiers, dont la vie sera, malgré de grandes fautes, une belle page de l'histoire contemporaine, est tombé par l'application des mêmes principes qui jadis le rendirent si puissant. Impuissante à dominer les époques troublées, sa politique de Janus conduisait insensiblement la France vers les insondables profondeurs du radicalisme.

Jetons un coup d'œil rapide sur les causes qui amenèrent la chute du provisoire ; cette courte étude nous fera connaître par contre la nature et les principes du septennat.

Dans son message du 13 septembre 1871, M. Thiers, déjà nommé président d'une république non proclamée, terminait une longue énumération des divers travaux de l'Assemblée par ces mots : « Essayer de rétablir l'ordre « dans les pensées, après l'avoir établi dans « les actes, voilà depuis près de huit mois « ce que nous faisons ensemble. » Plus bas il ajoutait : « Il s'agit en ce moment pour le « pays des plus grands intérêts imaginables ; « il s'agit de régler son sort présent et futur. « Il s'agit de savoir si c'est d'après la tradi- « tion du passé, tradition glorieuse de mille « ans, qu'il doit se constituer, ou si, s'aban- « donnant au torrent qui précipite aujourd'hui « les sociétés humaines dans un avenir inconnu, « il doit revêtir une forme nouvelle, afin de pour- « suivre paisiblement ses nobles destinées. »

Il résulte de ces déclarations : 1° que M. Thiers cherche à rétablir dans le pays l'ordre moral après avoir assuré l'ordre matériel ; 2° que la question de l'avenir est réservée, que M. Thiers sait fort bien qu'il n'est là que provisoirement pour faire exécuter les lois, et que nul, si ce n'est la Chambre, n'a le droit de statuer sur le sort du pays et de lui donner le gouvernement qui sera le plus en harmonie avec les intérêts de la nation ; 3° enfin, il reconnaît à la Chambre le pouvoir formel de donner au pays un lendemain par la constitution d'un nouveau gouvernement.

Voilà ce que fait M. Thiers en septembre 1871, alors que la majorité conservatrice était dans toute sa puissance. Le radicalisme était encore trop faible pour que M. Thiers pût ouvertement incliner vers ce dernier parti, qui du reste avait excité contre lui des défiances hostiles à Bordeaux. Toutefois, comprenant qu'il ne pourrait jamais gouverner longtemps, ni à sa fantaisie, tant que la majorité conservatrice serait compacte et conserverait son ascendant sur le pays, il trouva qu'il était prudent pour lui de revenir au système à bascule et d'appliquer le funeste principe : *divide ut imperes*, principe qui ne devrait être appliqué qu'à l'égard des puissances étrangères, principe que M. Thiers préféra appliquer à son pays, afin de le mieux troubler et de paralyser tellement toute action énergique que forcément il demeurât lui-même au pouvoir comme une sorte de pis-aller. L'on avait peur dans le pays des républicains et de la république, surtout après la Commune; il fallait faire disparaître ces idées et montrer l'essai loyal d'une république *conservatrice* et *modérée* comme ce qu'il y avait de plus sagement pratique. Il fallait, en un mot, faire arriver les républicains en assez grand nombre à la Chambre pour qu'ils pussent contrebalancer l'influence de la droite. Tel a été le but constant de ce gouvernement à politique si détestable: encourager les plus faibles et chercher à désespérer les plus forts. M. Jules Simon était aux cultes et à l'instruction publique, et quand la droite indignée forçait le gouvernement à se défaire d'un pareil ministre, comme compensation on renvoyait M. de Goulard !... Ainsi la politique à bascule, flatter tous les partis, leur donner une égale force d'équilibre afin de les rendre par là même tous impuissants, poursuivait son œuvre de décomposition. La commission des Trente vit le danger et le signala avec amertume et fermeté. M. Thiers navigua avec tant d'habileté entre les courants contraires que l'œuvre éminemment patriotique de la commission des Trente fut presque anéantie en même temps qu'elle vit le jour. Il est nécessaire, avait dit à cette même époque M. Buffet, d'organiser un gouvernement de combat qui protége la société contre les envahissements croissants du radicalisme. C'était forcer M. Thiers à prendre résolûment une ligne de politique conservatrice ; mais tel ne pouvait être le jeu du gouvernement qui, en agissant ainsi, aurait fourni à la majorité conservatrice le moyen de donner une solution définitive au pays. La division c'était l'impuissance; M. Thiers le savait. Aussi, après avoir divisé, il lançait maint défi à la Chambre et osait dire : « Essayez de constituer quelque chose; » puis il menaçait, si on ne l'écoutait, de donner sa démission.

A l'abri de cette politique néfaste, M. Gambetta pouvait impunément accomplir un pèlerinage dans l'Est et jeter dans les masses son programme des nouvelles couches sociales. Ranc, Lockroy, depuis longtemps suspectés, pouvaient impunément voter à la Chambre contre les principes conservateurs, sans que jamais on pût espérer de voir luire l'heure de la justice.

Enfin quand la fatale semence jetée en terre pendant deux longues années eut porté ses fruits, quand le parti radical se montra assez nombreux pour que l'on pût sérieusement s'appuyer sur lui, M. Thiers, prenant pour l'effet de la peur et de l'impuissance ce qui n'était de la part de la droite que l'effet de la reconnaissance, de la modération et de la longanimité, se crut assez fort pour jeter le masque, convaincre par sa hardiesse la Chambre d'impuissance réelle et enfin fonder pour lui tout seul un édifice dont il devait être nécessairement la clef de voûte. « La républi-
« que existe, dit-il dans son message du mois
« de mai, ne perdons pas notre temps à la pro-
« clamer. » C'était en réalité proclamer défi-

nitivement la république, et cela de sa propre autorité. C'était, alors que l'avenir était réservé, dénier à la Chambre ses droits, c'était d'un seul coup briser à la fois et le pacte de Bordeaux et la constitution Rivet; c'était d'un seul trait de plume appeler la guerre civile. Le parti conservateur, justement indigné, comprit l'outrage fait à sa dignité et l'atteinte portée à ses droits; il releva le gant. M. de Castellane avait déjà, au 5 mars, dénoncé le provisoire comme conduisant directement au radicalisme; le 24 mai, M. le duc de Broglie terrassa ce régime dans un réquisitoire où la modération ne le cède pas à l'éloquence. M. Thiers dut donner sa démission, et M. le maréchal de Mac-Mahon fut élu chef du pouvoir exécutif.

L'exécution parlementaire du 24 mai fut diversement jugée par le pays; tous les hommes sérieux, tout le grand parti conservateur applaudit à la fois à la chute de M. Thiers et au choix de son noble successeur; ceux d'un autre parti crièrent à la trahison, à l'ingratitude, tandis que les feuilles radicales, cachant leur amer dépit sous un faux semblant de puissance, tout en criant au « régime du sa« bre, à la dictature etc., » recommandaient le calme. Le Maréchal n'avait que faire de ces prêcheurs de calme; le nouveau président était trop connu de la Commune et des communards, son nom était trop le symbole de l'ordre et de la fermeté, de la décision et de la conservation sociale, pour que....

Pour nous, obligé de nous renfermer dans une froide impartialité, nous dirons : les tendances, les aspirations et la politique de division de l'ex-président ont amené les progrès effrayants du radicalisme. Encore un an de ce provisoire néfaste, et le parti radical tout entier, traînant à la remorque le parti modéré, arrivait à la direction générale des affaires; et une nouvelle tempête de feu allait passer sur la tête de la France, pour achever de la meurtrir et de l'humilier. J'ajoute que le parti conservateur s'est rendu sérieusement coupable de n'avoir pas fait plus tôt son 24 mai. Voyons jusqu'à quel point mon jugement est trop sévère. Où siége aujourd'hui M. Thiers ? L'ex-président, ayant des attaches orléanistes, ancien ministre de Louis-Philippe, se disant monarchiste par principe, ancien chef d'un gouvernement conservateur, devait décemment, après sa démission, siéger au centre droit, et prouver par ce fait seul qu'innocemment il avait été accusé et que sa politique, loin d'être ce qu'on l'avait supposée, avait toujours été conservatrice. De plus, il paraissait de tous points convenable que M. Thiers, devant au Maréchal qui seul eut alors la confiance de l'armée, qui seul put la réorganiser, d'avoir dompté la Commune, fût du côté du pouvoir. L'ex-président, au contraire, trouva excellents l'encens et les parfums de la gauche ; il se posa en victime et vint siéger au centre gauche dont il est devenu le chef. Il vote aujourd'hui avec MM. Gambetta et Ledru-Rollin, et pendant qu'il s'efforce de faire nommer Danelle et Roudier, il demande la dissolution. Cette même Chambre qui avait eu le droit de constituer pour fabriquer la constitution Rivet, à laquelle M. Thiers avait toujours reconnu le pouvoir « de régler le sort présent et futur du pays » en asseyant un gouvernement stable, cette Chambre que M. Thiers reconnaissait très constituante quand il lui faisait présenter par M. Dufaure les lois constitutionnelles, cette même Chambre, depuis que M. Thiers n'est plus au pouvoir, ne représente plus aux yeux de l'ex-président les vrais intérêts du pays ! En vérité, si Bossuet vivait de nos jours, il aurait à écrire une nouvelle histoire des variations. De deux choses l'une : ou M. Thiers, dont nous admirons sincèrement l'immense talent et dont nous savons apprécier les vrais services rendus, a été dupe des radicaux, et le parti conservateur a bien fait de le renverser ; ou M. Thiers a pensé que le radicalisme social était la seule voie de salut pour la France, et l'on a doublement bien fait de confier le pouvoir à un autre. En résumé donc, tant que M. Thiers ne sera pas au pouvoir, il sera de l'opposition : le pouvoir ou l'opposition, voilà tout le secret de la politique de ce grand homme d'Etat, et quand j'ai dit, en parlant des orléanistes, que M. Thiers est la plus grande personnification du scepticisme politique et religieux, j'ai cru ne pas m'être trompé. Ceci me rappelle une spiritüelle boutade de Beethoven qui, admirateur passionné du génie et de la gloire du Premier Consul, composa en son honneur un magnifique morceau qu'il intitula : *Marche du Consul.* Dès qu'il apprit que Bonaparte était devenu empereur, il s'écria : « Encore un ambitieux comme les autres ; » il changea légèrement le ton de sa mélodie et intitula son chef-d'œuvre : *Symphonie héroïque.* Arrière donc tout ambitieux qui sait préférer son rêve ou son intérêt personnel à la patrie !

Nous avons esquissé rapidement les causes de la chute du provisoire, et par contre nous avons été amené à comprendre la nature du gouvernement qui lui a succédé et les principes entièrement conservateurs qui doivent l'animer. Le septennat n'est pas un principe en lui-même, ce n'est pas une solution, c'est une tente-abri sous laquelle la France pendant sept ans se calmera et préparera pacifiquement une solution ultérieure, si toutefois il est possible d'en avoir une, car les réflexions du sérieux penseur sont vraiment désolantes pour l'avenir. Le septennat n'est ni la république, puisqu'elle n'est pas proclamée et que les monarchistes sont au pouvoir, ni la monarchie, puisque la justice se rend au nom du peuple souverain. En droit, c'est une sorte de république nominale ; en fait, c'est une sorte de monarchie constitutionnelle, et la nature de cette bizarre combinaison qu'on appelle gouvernement septennal, c'est la conservation sociale par l'ordre. Toute l'économie du système gouvernemental repose donc uniquement sur la tête d'un seul homme. Le Maréchal est cette sentinelle brave et dévouée placée aux avant-postes de la société avec la consigne sévère de faire feu sur tous les perturbateurs de l'ordre social. Le septennat c'est le vrai gouvernement de combat prévu par la commission des Trente et dont la mission est surtout d'arrêter les progrès effrayants du socialisme, en s'appliquant avant tout à rétablir l'ordre moral. Philosophiquement parlant, le septennat peut se définir : *Une sérieuse monarchie constitutionnelle dans une enveloppe républicaine*, et de plus *la clôture septennale du régime des aspirations et des prétentions à bref délai.* Cette monarchie constitutionnelle, enveloppée dans une république nominale, a cela d'exceptionnellement bon qu'elle n'a d'engagement avec aucun parti, qu'elle n'a pas demandé à venir, et qu'en dehors de ses autres puissants moyens d'action, elle repose sur le prestige de la force et de la loyauté. Le Maréchal a accepté le pouvoir tel qu'on le lui offrait ; on lui a même offert dix ans de règne, et il n'en a accepté que sept!... Vouloir donc renverser le septennat, c'est, pour les hommes qui l'ont fondé, l'une des inconséquences que le peuple ne pardonne jamais à des hommes sérieux. Nous n'avons nullement besoin d'agitations politiques, nous sommes au contraire dans la nécessité de faire de plus en plus le calme en nous et autour de nous. Nous avions besoin d'un homme franchement conservateur qui, sage autant que ferme, pût suivre sérieusement une ligne de conduite réparatrice, au lieu de nous jeter aux mains des factions ou dans des périodes d'aventures. Nous avons tout cela, et en quoi est-il nécessaire, pour le moment, que le chef de l'Etat soit un prétendant couronné ou non? La question de l'avenir est réservée et cela suffit à la France.

« Je ne vous avais nullement demandé la » prorogation des pouvoirs, je pensais, au » contraire, voir se rétablir la monarchie ou » s'affirmer la république. Entre ces deux » extrêmes, vous avez sagement choisi un gou» vernement qui ne tient absolument ni de » l'une ni de l'autre, qui est monarchiste et » conservateur par essence et qui conserve » le nom de république. Vous avez mis à » la tête de la France l'homme le plus loyal » qui fût jamais, celui qui a été la gloire la » plus pure de la patrie, même au milieu de » nos revers. J'ai avec joie ratifié votre choix, » parce qu'il est pour moi une garantie d'or» dre, de calme, de paix et de travail, sans » que je sois moi-même destiné à devenir la » proie des factions. A vous de prêter votre » loyal appui et votre sérieux concours à ce » gouvernement honnête. Si j'apprends que

» vous formiez encore des intrigues, je m'éloi-
» gnerai de vous, mon esprit ne reposera
» plus en vous, et à d'autres je confierai la
» glorieuse mission de représenter mes idées et
» d'imposer mes volontés. » Ainsi pense, ainsi parle le peuple, ce grand souverain dont il serait puéril de méconnaître la puissance et la raison, car il est en dehors des partis ; il ne demande que l'ordre, la liberté, la paix et le travail. Il faut donc écouter le peuple quand il ne réclame que ces garanties, car alors il est le droit, il est la raison et il est la force ; et si l'on croit que j'exagère, je répondrai par ce mot de J.-J. Rousseau : « Souvent j'ai
» fermé les livres et j'ai vécu parmi les hom-
» mes, afin de les étudier et de les connaî-
» tre. »

Ainsi donc, possédant le septennat, la nation veut le conserver pour être au moins pendant sept ans à l'abri des agitations politiques. Le programme politique de ce gouvernement est très nettement tracé. A l'intérieur : 1° le calme avec le travail, travail matériel pour les classes laborieuses, travail intellectuel pour les classes dirigeantes, car s'il y a un grand nombre de conquêtes à faire en France, c'est avant tout sur les esprits et sur les cœurs, et c'est aux classes intelligentes que revient surtout cette lourde mais glorieuse tâche d'aider le gouvernement dans son œuvre de rétablissement ; 2° panser les blessures de la patrie en donnant une très grande impulsion au commerce, à l'industrie, aux lettres et aux arts ; 3° préparer par une active réorganisation militaire, des manœuvres par grandes masses, répétées aussi souvent que possible, et des études profondes dans tous les rangs de l'armée, une revanche!... A l'extérieur : la paix avec la dignité et le désir perçu de renouer des relations amicales avec toutes les grandes puissances. Le succès d'une guerre éventuelle doit surtout être préparé par des alliances sérieuses, telles que celles de l'Autriche et l'Italie.

Le septennat est donc ; mais pour qu'il puisse vivre, il faut qu'il ait en main de puissants moyens d'action. Ces moyens me paraissent pouvoir se résumer dans la création d'une seconde chambre qui puisse contrebalancer les aspirations et l'influence de la Chambre populaire. Le mode de constitution de cette chambre paraît être la question principale autour de laquelle pivoteront tous les amendements et probablement aussi toutes les interpellations. Nommée par l'Assemblée, elle devient une seconde édition de la Chambre des députés, et ses attributions seront évidemment faussées. La chambre haute doit remplacer l'ancien parlement; donc elle doit avoir assez de puissance pour pouvoir être médiatrice entre le gouvernement et la représentation nationale, assez d'indépendance pour ne pas tenir entièrement son existence de l'un et de l'autre, et toutefois assez de respect et d'esprit conservateur pour contrôler, avertir au besoin le gouvernement, si l'occasion de le faire se présentait, mais avec le désir sincère, non de le renverser, mais de l'éclairer et de le voir bien gouverner. Pour atteindre ces divers buts, la chambre devra présenter trois nuances qui ressortiront de la manière même dont elle sera composée :

1° Le président et un tiers, au choix du gouvernement ;

2° Un tiers au choix de l'Assemblée ;

3° Le dernier tiers au droit énoncé par le mérite seul ou justifié par telles hautes positions sociales.

Ainsi, sénateurs de droit, sénateurs nommés par le gouvernement, sénateurs nommés médiatement par le peuple au moyen de la représentation nationale, tel me paraît être le mode le plus prudent, le plus sûr et le plus paisible de la constitution d'un sénat, sur de larges bases et avec des attributions très étendues. Au moyen de cette chambre et d'une loi électorale visant à moraliser le suffrage universel, le septennat peut vivre sérieusement de la vie qui lui est propre. Nous ne doutons guère que l'Assemblée tout entière ne se range à ce programme, car il est le plus simple et écarte le plus de compétitions possible. Quant à la loi électorale, on rencontrera probablement plus de difficultés, car deux partis, vivant surtout par le suffrage universel tel qu'il existe, ont naturellement intérêt à le conserver et à le caresser. Il reste à examiner une difficulté qui, sans doute, ne se présentera pas, mais qu'il est utile de prévoir. C'est le cas où le Maréchal, avec des principes conservateurs et des idées anti-radicales, se trouverait forcé de gouverner avec une Chambre en majorité radicale. Je ne vois qu'un moyen de tourner la difficulté : prononcer la dissolution de la Chambre, former un cabinet énergiquement conservateur, gouverner en attendant avec le concours de la haute chambre, et définitivement en appeler au peuple.

CONCLUSION.

Après avoir démontré que le provisoire conduit fatalement une nation à la ruine et à la perte de tous les principes politiques et religieux, et prépare l'inévitable avènement du socialisme, avoir étudié la nature et les principes constitutifs des diverses formes gouvernementales, nous avons examiné les tendances et les chances de succès des quatres grands partis qui se disputent le pouvoir. Aux deux points opposés de l'échelle politique, se trouvent Henri v et la république. J'ai montré comment ces deux partis ne pouvaient arriver au gouvernement de la France, ou du moins s'y maintenir longtemps avec succès. La monarchie légitime, qui aurait été certainement la plus heureuse solution, si elle avait voulu faire à l'opinion quelques légères concessions, devient anti-nationale par le fait même qu'elle représente des principes effacés par ceux de 89, et qu'elle veut obstinément conserver un drapeau qui n'est plus regardé par la majorité du pays comme le vrai drapeau de la France, mais comme un symbole de privilèges;

enfin la monarchie de droit divin, n'étant pas élective, est incompatible avec les nouveaux droits du peuple souverain qui prétend avoir puissance pour élire son chef et lui confier son mandat. Or, régner sans l'assentiment de la nation, c'est régner contre la nation et s'exposer à se voir obligé de descendre au plus tôt du trône.

Le parti républicain, et j'envisage surtout ici le parti radical, car les républicains modérés sont une masse qui sera toujours traînée à la remorque, comme tout ce qui est pacifique et modéré, — et l'histoire est là pour nous prouver que toujours les minorités turbulentes ont eu raison des majorités pacifiques, — je répète cette réflexion ici afin que l'on comprenne bien ma pensée, le parti républicain n'a donc pas non plus de chances d'arriver au pouvoir ou de s'y maintenir, pour deux raisons très simples. Premièrement, ce parti est plus rompu aux théories gouvernementales qu'au maniement des affaires; il manque totalement d'expérience, et cette expérience, il ne l'acquerra jamais, parce qu'un gouvernement conservateur n'appellera jamais des radicaux dans ses conseils. En outre, ce parti souvent guidé par la passion et se trouvant forcé de mieux faire que les gouvernements renversés, est par là même constamment exposé à marcher presque toujours par soubresauts et à se jeter dans des écarts déplorables. Secondement, ce parti, pour avoir de la force et former une masse compacte, est obligé de recueillir dans son sein toutes les aspirations malsaines des carrefours, les mécontents de tous les partis, tous ceux enfin qui, n'ayant rien à perdre, n'ont qu'à gagner au changement. Il en résulte une étrange combinaison de convoitises diverses qu'il faut satisfaire. Les chefs qui peut-être à la longue auraient pu, comme talent, faire de sérieux hommes d'Etat, ou sont débordés ou sont obligés de devenir, quelquefois malgré eux, d'affreux tyrans, ou enfin de laisser le pouvoir aux mains de quelques factieux ineptes qui, après avoir ruiné la France, traînent son noble drapeau dans le sang et la boue, jusqu'à ce que paraisse un sauveur de fer qui, en ramenant la paix et l'ordre, fasse tout plier sous sa redoutable étreinte. Inutile de citer l'histoire; or, le passé nous est garant de l'avenir. En vain m'objectera-t-on que les républicains de nos jours veulent être sensés, qu'ils n'ont d'autre ambition que celle de fonder une noble république conservatrice, très sage, très modérée, etc., etc., à tout cela je répondrai que tant que l'on n'aura pas compris que c'est folie d'ouvrir la porte à toutes les passions pour chercher à devenir plus vertueux, que tant que l'on n'aura pas vu que l'Océan ne donne plus de tempêtes, que tant que l'on n'aura pas vu qu'un homme aiguisant ses convoitises dans l'ombre, avec le désir de les assouvir quand il le pourra, devient vertueux par le seul fait qu'il arrive au pouvoir, je ne croirai jamais à la sagesse d'une république en France.

Aux deux moyens termes de la ligne politique se trouvent la royauté de Juillet et l'empire; celui-ci prétend arriver par le peuple, celle-là par une combinaison parlementaire. Également conservateurs, ils représentent à divers degrés chacun un élément national, et c'est certainement entre eux que se décidera plus tard la question de l'accession. Il n'y aurait rien d'étonnant à ce que l'un et l'autre fussent tour à tour au pouvoir, car aujourd'hui il faut fort peu se préoccuper du formulaire d'une constitution qui assure l'hérédité à une dynastie. Depuis 89, gouvernants et gouvernés, nous roulons fatalement dans un cercle vicieux et, semblables au prodigue ruiné, nous sommes forcés de vivre un peu au jour le jour. Dynasties, gouvernements, principes, pensées, honneur, vertu, tout tourbillonne, tout change d'objet, de but, de direction, sans pouvoir se fixer solidement jamais, et dans ce roulement continuel de la société, cet effacement des caractères, il ne reste au peuple français qu'une immense ambition, un vide immense et, sans la religion, un immense désespoir !

Avant donc de savoir auquel des deux partis modérés appartiendra dans l'avenir le trône de France, au lieu de chercher inutilement une solution réservée dans les secrets de l'avenir, profitons loyalement de celle que la Providence nous a elle-même donnée par la création du septennat. Quelques-uns dans le dépit de l'impuissance avaient pensé faire de ce gouvernement une sorte de paravent à l'abri duquel chaque parti pourrait conspirer sans crainte, comme sans danger; et c'est cette persuasion qui avait jeté tout d'abord le trouble et la défiance dans la nation. L'on ne savait pas si nous aurions un lendemain, et la combinaison faite le 19 novembre ressemblait quelque peu à celle qui fut faite autrefois par Casimir Périer. Louis-Philippe n'eut pas assez d'énergie pour se débarrasser de la fausse situation où le parlementarisme l'avait jeté; la lettre du 19 mars prouve que le maréchal de Mac-Mahon a compris tout autrement la portée du vote de novembre. Il veut être le mandataire fidèle de la nation, il veut être son pilote, mais à la condition formelle que les partis demeureront dans l'ombre et le silence. Désormais la nation doit être rassurée, elle peut se remettre avec confiance au travail de sa réorganisation, car elle est sûre de l'ordre et du lendemain, et les vrais intérêts conservateurs : religion et patrie, sont aux mains de l'honneur et de la vertu. Tous ceux qui ont fondé le septennat ne croyaient pas sans doute si bien faire.

C'est avec la plus grande impartialité, on a pu s'en convaincre, que nous avons émis notre pensée. Loin de nous préoccuper des misérables questions dynastiques, nous nous sommes avant tout préoccupé de la question vitale, celle qui intéresse au plus haut point la patrie blessée : la réparation matérielle et morale, réparation que nous ne pouvons sérieusement obtenir qu'au milieu du calme le plus profond, et en dehors de toutes compétitions et agitations politiques. Pour nous, comme pour tous les hommes sensés, pendant sept ans, la seule, la vraie, la plus heureuse solution, c'est le septennat respecté au dedans et au dehors.

Nous n'avons donc nullement à nous occuper ici des destinées que Dieu réserve à la France dans un avenir assez éloigné. Quand sera venue pour le Maréchal l'heure de déposer le pouvoir, vers quelle côte cinglera le vaisseau de la patrie, quel sera le nouveau pilote chargé de le diriger à travers les écueils, quelle route suivra-t-il? Nul n'en sait rien, et l'avenir seul appartient à Dieu; mais, confiants dans les destinées de la France, non pas révolutionnaire, mais chrétienne, nous pouvons désormais envisager l'avenir sans effroi en répétant cette parole qui à travers la longévité des âges vient raviver, dans notre siècle, l'espérance près de s'éteindre : *Fata viam invenient.*

Aurillac. — Imp. H. GENTET, rue du Consulat.

www.ingramcontent.com/pod-product-compliance
Ingram Content Group UK Ltd.
Pitfield, Milton Keynes, MK11 3LW, UK
UKHW020351230726
13925UKWH00003B/1065

9 782019 178642